문해력이 자라면 사회성도 자란다

읽는 힘, 소통하는 힘

심현미 저

학지사

머리말

20여 년 동안 수많은 아이를 가르치며, 그들의 성장 과정을 지켜보았습니다. 그 경험을 통해 제가 가장 깊이 깨달은 것은, 상황을 올바르게 인식하고 이해하는 능력이 아이들의 삶에 결정적인 영향을 미친다는 사실이었습니다. 상황을 제대로 이해하지 못하면 아이들은 종종 혼란에 빠지며, 두려움, 분노, 불안, 무기력 등의 부정적인 감정에 휩싸이게 됩니다. 반면, 상황을 명확히 파악하고 감정을 조절할 수 있을 때, 아이들은 침착하게 문제를 바라보고, 타인과 건강한 관계를 형성해 나갈 수 있습니다. 이러한 사회적 성장을 위해서는 문해력, 즉 글을 읽고 이해하며 자신의 생각을 표현하는 능력이 튼튼하게 자리 잡아야 합니다. 문해력은 단순한 언어 능력이 아니라, 학습과 관계의 기초가 되는 힘입니다. 특히 학령기 아동에게 문해력은 모든 교과 학습의 바탕이 되며, 타인을 이해하고 세상과 소통하는 창구이기도 합니다. 이 교재는 바로 그런 고민과 필요에서 출발했습니다. 아이들이 글을 통해 세상을 이해하고, 그 안에서 자신을 표현하며, 더불어 살아가는 힘을 기를 수 있도록 돕고자 이 교재를 만들게 되었습니다. 아이들이 일상 속 실제 상황을 마주하며 스스로 사고하고 판단하는 연습을 할 수 있도록, 이야기 구성 또한 비현실적인 설정은 지양하고 현실적인 갈등 상황을 중심으로 구성했습니다. 정답을 강요하거나 도덕적 판단을 유도하기보다, 문제를 스스로 바라보는 눈을 키울 수 있도록 하는 데 집중했습니다.

이 교재가 아이들의 문해력과 사회성을 함께 길러 주는 든든한 디딤돌이 되기를 바랍니다. 아이들이 세상을 이해하고, 사람들과 따뜻하게 소통하며 건강하게 성장해 가기를 진심으로 응원합니다.

교재 구성과 활용 방법

이 교재는 학령기 아동의 문해력과 사회성을 함께 기를 수 있도록 설계된 교육 자료입니다. 문해력이란 단순히 글을 읽는 것을 넘어, 글의 의미를 깊이 이해하고 자신의 생각을 정리해 표현하는 능력입니다. 사회성이란 상황을 인식하고 감정을 조절하며, 타인과 원활한 관계를 맺는 능력입니다. 이 두 능력은 학습뿐 아니라 건강한 사회적 관계를 형성하는 데에도 꼭 필요한 기반입니다.

• 교재 구성 안내

이 교재는 총 4권으로 구성되어 있으며, 각 권은 아이들의 이해력과 사고력을 점진적으로 향상시킬 수 있도록 단계별로 설계되었습니다.

–1권 열어 보기: 35편의 짧은 글을 읽고, 중심 낱말을 찾으며 내용을 이해하는 연습
–2권 발견하기: 30편의 더 긴 글과 복잡한 상황을 다루며, 인물의 입장과 사건의 흐름을 파악하는 연습
–3권 탐색하기: 35편의 짧은 이야기로 요약하는 방법과 논리적인 정리를 연습
–4권 이해하기: 앞서 배운 기술을 종합하여, 글의 상황을 정확히 파악하고 자신의 언어로 요약하는 연습

• 공통 학습 활동

–중심 낱말을 찾아 제목을 직접 만들어 보기
–문맥 속에서 어휘를 익히고 활용하기
–글의 흐름과 구조 파악

–자신의 경험과 연결해 생각 넓히기

–다양한 관점 수용과 공감 능력 키우기

• 활용 방법

–이 교재는 특정 연령대에 제한되지 않으며, 학령기 아동이라면 누구나 사용할 수 있습니다.

–1권부터 아이의 수준에 맞게 시작하되, 이해력과 참여도가 높아지면 다음 단계로 넘어가세요.

–교사는 질문 중심의 대화를 통해 아이가 스스로 사고하고 감정을 조절할 수 있도록 돕는 것이 핵심입니다.

–줄거리를 이야기하며 실제 경험과 연결시켜 보거나, 등장인물의 입장에서 생각해 보게 하는 활동은 사고력과 공감 능력을 자연스럽게 키워 줍니다.

생각을 이끌어 내는 지도 방법

이 방법은 아동이 글을 정확히 이해하고, 핵심 내용을 파악하며, 자신의 생각을 정리하고 표현하는 능력을 기를 수 있도록 돕습니다. 다음의 단계에 따라 차근차근 진행해 주세요.

• 1단계: 함께 읽기

1. 아동과 함께 마침표를 기준으로 문장을 나누어 번갈아 읽습니다.
2. 글 전체를 다 읽은 후에는 순서를 바꿔 다시 한번 번갈아 읽습니다.
3. 아동과 함께 한 목소리로 읽어 봅니다. (필요에 따라 생략 가능합니다.)
4. 아동 혼자 읽도록 합니다. (소리 내어 읽기 또는 눈으로 조용히 읽기 중 아동에게 맞는 방법을 선택하세요.)

• 2단계: 글의 중심 파악하기

5. 아동에게 연필을 주고 이름과 날짜를 쓰게 합니다.
6. 아동이 글에서 가장 중요한 낱말(중심 낱말) 3개를 고르도록 합니다.
7. 아동 스스로 글에 어울리는 제목을 지어 보게 합니다.
8. 연필을 받아 둡니다.
9. 선택한 낱말이 왜 중요한지 아동에게 말해 보도록 합니다.
10. 제목을 왜 그렇게 지었는지도 말해 보게 합니다.
11. 교사는 자신의 생각도 나누어 줍니다. (아동의 생각과 같을 수도, 다를 수도 있습니다.)
12. 중심 낱말과 제목을 다시 함께 읽습니다.

- 3단계: 이해 확인하기

13. 연필과 지우개를 주고 문제를 풀게 합니다. 정답이 하나일 수도 있고, 두 개 이상일 수도 있습니다. 아동이 문맥과 상황을 고려하여 가장 적절하다고 생각하는 한 가지 답을 선택하도록 지도해 주세요. 어려워할 경우, 글을 다시 읽을 기회를 최대 두 번 더 줍니다. (미리 두 번의 기회가 있다는 것을 알려 줍니다.)
※ 이때 문제지는 잠시 치워 주세요. 글과 문제를 동시에 보지 않도록 합니다.
14. 모든 문제를 푼 뒤, 다시 연필을 받아 둡니다.
15. 각 문제에 대해 '왜 그렇게 생각했는지' 또는 '어떻게 알았는지' 말해 보도록 합니다.
16. 글 전체를 다시 한번 훑어보게 합니다.

- 4단계: 말하기와 생각 나누기

17. 아동이 글의 내용을 요약해서 말하도록 합니다. (가능하면 영상으로 기록해 두세요.)
18. 사실에 근거해 이야기하게 지도합니다. 내용에 없는 추측이나 짐작은 멈추게 하고, 그것이 틀렸음을 알려 준 후 다시 말하게 합니다.
19. 마지막으로 아동의 생각이나 느낌을 자유롭게 말하도록 유도합니다.
20. 글의 내용을 잘 이해하고 표현한 아동에게 아낌없이 칭찬합니다.

차례

이해하기 목차

다음 빈칸에 직접 제목을 써 보세요!

1.

2.

3.

4.

5.

6.

7.

8.

9.

10.

이해하기 목차

다음 빈칸에 직접 제목을 써 보세요!

11. ______________________

12. ______________________

13. ______________________

14. ______________________

15. ______________________

16. ______________________

17. ______________________

18. ______________________

19. ______________________

20. ______________________

이해하기 목차

다음 빈칸에 직접 제목을 써 보세요!

21. ______________________________

22. ______________________________

23. ______________________________

24. ______________________________

25. ______________________________

26. ______________________________

27. ______________________________

28. ______________________________

29. ______________________________

30. ______________________________

학습 목표

'이해하기'는 문해력과 조직화 능력을 종합적으로 활용하여 아동이 자기 주도적 학습을 할 수 있도록 돕는 과정입니다. 아동은 중심 낱말을 찾고 이를 바탕으로 글을 요약하는 능력을 완전히 습득하게 됩니다. 앞에서 배운 기초적인 읽기와 중심 낱말 찾기 능력을 바탕으로, 이제 글의 핵심을 스스로 파악하고 간결하게 정리하는 능력을 자연스럽게 발휘할 수 있습니다. 글의 길이와 내용이 더욱 복잡해짐에 따라, 아동은 다양한 상황 속에서 중요한 정보를 선택하고 요약하는 연습을 지속적으로 진행합니다. 이를 통해 문해력과 정보 처리 능력이 더욱 강화됩니다.

이해하기의 중요한 학습 목표 중 하나는 아동이 자신의 생각을 명확하게 밝히고 의견을 표현하는 능력을 향상시키는 것입니다. 탐색하기에서 감정을 표현하는 연습을 했다면, 이번 단계에서는 더욱 복잡한 상황 속에서 자신의 의견을 뚜렷하게 제시하고, 그 의견에 대한 근거와 논리를 명확히 밝히는 연습을 합니다.

또한, 이 과정에서는 결과를 예측하고, 등장인물들의 상황을 인지하며 공감하는 능력이 더욱 중요해집니다. 글 속에서 등장인물들의 갈등이나 변화를 파악하고, 그 상황에 대한 예측을 해 나가는 능력은 아동이 글을 깊이 이해하는 데 큰 도움이 됩니다. 이를 바탕으로 아동은 문제를 파악하고 적절한 해결책을 제시하는 능력을 기릅니다. 아동은 글의 상황을 분석하면서, 발생할 수 있는 문제에 대응할 방법을 배우고, 이를 실생활에 적용할 수 있는 중요한 기술로 발전시킵니다. 문제 해결력은 비판적 사고와 창의적 사고를 바탕으로 글 속의 문제를 해결하는 데 필요한 능력입니다. 또한, 아동은 자신의 경험을 바탕으로 글을 분석하고, 타인의 경험과 비교하여 사고를 확장합니다. 글 속에서 발생한 상황에 대해 자신이 경험한 유사한 상황을 떠올리고 비교하면서, 다양한 관점에서 상황을 이해하는 능력을 키웁니다.

결국, 이해하기는 아동이 글을 읽은 후, 상황을 예측하고 등장인물의 입장에서 공감하며 자신의 생각을 논리적으로 표현하여 문제 해결 능력을 키우는 중요한 과정입니다.

아이와 마주 앉기 전에

『문해력이 자라면 사회성도 자란다』의 각 이야기에는, 수업을 맡은 교사 또는 보호자가 수업 전에 읽고 수업 흐름을 이해할 수 있도록 세 가지 요소가 함께 구성되어 있습니다.

- 이 교재에 수록된 각 이야기는 아이들이 일상에서 자주 마주하는 상황을 바탕으로 구성되어 있으며, 정서적 성장과 사회성 발달을 돕기 위한 다양한 교육 활동 영역이 반영되어 있습니다. 총 14개의 활동 영역은 가족 관계, 또래 관계, 정서 조절, 공감 능력, 기본 생활 습관 등 아이의 발달 단계에 꼭 필요한 요소들로 구성되어 있습니다. 교사는 이를 바탕으로 아이의 반응을 세심하게 관찰하고 발달 수준에 맞춘 교육적 개입을 할 수 있으며, 가정에서도 자녀의 일상 행동을 이해하고 지도하는 데 실질적인 도움을 받을 수 있습니다. 또한 각 이야기 위에는 관련된 교육 활동 영역이 명시되어 있어, 주제별로 내용을 쉽게 참고하고 활용할 수 있도록 구성하였습니다.

- '숨은 뜻 찾기'는 언어를 입체적으로 이해하는 능력을 통해 이야기 속 인물의 말과 행동 이면에 담긴 의도와 감정, 태도를 추론하는 활동입니다. 즉, 겉으로 드러난 표현이 아닌 간접 표현과 맥락 속 의미를 해석하여 사회적 단서와 관계 흐름을 파악하도록 돕습니다. 따라서 '숨은 뜻 찾기'는 문해력과 더불어 해석적 사고력, 공감 능력, 어휘 확장력을 함께 기르는 고차 사고 중심의 언어 학습 활동입니다.

- '생각을 여는 지도 Tip'은 이야기 속 인물의 정서와 상황에 대한 인지적 · 정의적 이해를 바탕으로, 아동의 사고 확장과 자기 표현의 향상을 위한 교육적 안내입니다.

단순한 내용 확인이 아니라, 감정 해석, 동기 추론, 가치 판단 등의 사고 과정을 유도함으로써 아동의 고차 인지 능력과 정서적 공감 능력을 함께 발달시킬 수 있도록 구성되었습니다. 교사나 보호자는 대화를 통해 아동의 반응을 이끌어 내고, 이를 바탕으로 사고의 깊이와 표현의 폭을 확장할 수 있습니다. 이는 자기 감정 인식, 타인 이해, 사회적 상호작용 기술 등 사회정서학습(SEL)의 기초 역량을 기르는 데 효과적으로 작용합니다.

교육 활동 영역

각 이야기에는 다음과 같은 교육 활동 영역이 반영되어 있으며, 영역별로 아이들의 감정 표현, 또래 관계, 가족 간 상호작용, 문제 해결력 등을 자연스럽게 키워 갈 수 있도록 구성하였습니다.

교육 활동 영역 목록

교육 활동 영역	해당 이야기 번호
가족 관계	2, 9, 16, 17, 23, 24, 25
공감 능력	1, 3, 5, 6, 11, 15, 17, 18, 19, 21, 22, 24, 27, 28, 29
기본 생활 습관	7, 9, 16
도덕성	11
또래 관계	1, 2, 3, 4, 6, 8, 10, 11, 13, 14, 15, 18, 20, 21, 23, 26, 27, 28, 29, 30
문제 해결	1, 8, 10, 12, 14, 15, 17, 19, 20, 21, 22, 23, 25, 26, 27, 30
사회 규칙	5, 8, 15
사회성	3, 4, 6, 7
의사소통	7, 10, 14, 20, 28
자기 성찰	30
자기 조절 능력	2, 5, 9, 12, 13, 16, 22, 25
자아 존중감	3, 4, 7, 12, 13, 18, 19, 26, 28, 29
정서 조절	1, 2, 5, 8, 9, 10, 11, 12, 13, 14, 16, 17, 18, 20, 21, 22, 23, 24, 25, 26, 27, 29, 30
정서 표현 능력	4, 6
가치 및 태도 형성	19, 24

숨은 뜻 찾기

'숨은 뜻 찾기'는 아이들이 이야기 속 인물의 말과 행동을 따라가며, 말 너머의 숨은 의미를 추론하고 해석하는 과정을 통해 문해력을 자연스럽게 길러 가도록 구성되어 있습니다.

● 기본 언어 학습

이야기 속에서 아이들이 낯설게 느낄 수 있는 어휘를 중심으로, 간결하고 쉬운 풀이를 제공합니다. 단어의 사전적 의미를 넘어 실제 문맥 속에서 어떻게 쓰였는지를 함께 이해함으로써, 어휘력과 문해력을 함께 성장시킬 수 있습니다.

● 표현 익히기

이야기 속 인물들의 실제 대화를 통해, 아이들이 생활 속에서 자주 접하게 되는 감정 표현 방식을 익힙니다. 표현의 의미뿐 아니라 문장의 구조와 담긴 의도까지 함께 분석함으로써, 언어이해와 소통 능력을 균형 있게 키울 수 있습니다.

● 속담

속담은 일상의 경험과 삶의 지혜를 압축한 언어로 이야기 속 상황과 자연스럽게 연결됩니다. 아이들은 속담을 통해 비유적 사고를 기르고, 사회적 맥락을 유연하게 해석하는 능력을 키워 나갈 수 있습니다.

● 관용어

관용어는 단어의 겉 뜻만으로는 의미를 알기 어려운 표현입니다. 이야기 속 인물들의 대화를 통해 아이들은 관용어를 쉽고 자연스럽게 익히게 됩니다. 이를 통해 더 세심하게 듣고, 더 풍부하게 말하는 언어 감각을 키울 수 있으며, 이는 표현력 발달의 밑바탕이 됩니다.

● 명언

짧은 문장 속에 담긴 명언은, 아이들이 삶을 바라보는 시야를 넓히고 감정과 생각을 깊이 있게 성찰할 수 있도록 도와주는 말입니다. 이야기와 연결되는 명언을 제시함으로써, 아이들이 상황 속 감정과 태도를 돌아보고, 스스로 질문하며 생각하는 힘을 기를 수 있도록 구성했습니다.

※ 이야기의 전개와 자연스럽게 연결되는 경우에 한해 선별적으로 제시하였습니다.

생각을 여는 지도 Tip

‘생각을 여는 지도 Tip’은 각 이야기의 상황과 인물의 감정을 중심으로, 아이와 나눌 수 있는 대화의 방향을 제시합니다. 단순한 내용 이해를 넘어 감정 공감, 상황 추론, 생활 습관 등과 연결된 이야기를 통해, 아이의 사고력과 표현력을 함께 키울 수 있도록 돕습니다.

질문이나 화제 제안은 일상 속 자연스러운 대화 형태로 구성되어 있어, 가정이나 교실에서 부담 없이 활용할 수 있습니다. 특히 수업 도입, 감정 정리, 경험 나누기 등 다양한 교육 장면에서 효과적이며, 아이가 자기 감정을 인식하고 타인의 입장을 이해하는 연습으로 이어집니다.

부모나 교사가 아이의 말에 귀 기울이고 함께 생각을 나누는 시간은 표현력뿐 아니라 정서적 안정감과 사회성 발달에도 큰 도움이 됩니다.

그림 이해하기

'그림 이해하기'는 수업 전 아이가 그림을 보며 상황을 유추하고, 인물의 감정을 짐작해 보는 활동입니다. 교사나 보호자가 아이와 함께 그림을 살펴보며 짧게 이야기 나누는 시간이, 본격적인 수업으로 자연스럽게 이어질 수 있는 연결 고리가 되어 줍니다. 예를 들어, 그림을 보며 "여기는 어디일까?" "무엇을 보고 놀이터라고 생각했니?" "왜 날씨가 추워 보일까?" "그럼 너는 더운 날씨랑 추운 날씨 중 어떤 걸 더 좋아해?"와 같이 짧고 열린 질문을 던질 수 있습니다. 아이는 스스로 생각하고 말하면서 그림 속 상황을 자기 경험과 연결하게 됩니다. 이 과정은 아이의 사고력과 감정 표현 능력을 끌어내고, 동시에 수업 주제에 대한 관심과 몰입도를 높여 줍니다. 무엇보다 중요한 것은, 정답을 유도하기보다 아이의 말에 귀 기울이며 함께 공감하는 태도입니다. 다만, 그림을 보며 나누는 대화가 지나치게 길어지거나 주제에서 멀어지지 않도록 주의해 주세요. 수업으로 자연스럽게 이어질 수 있도록, 대화는 짧고 간결하게 이끄는 것이 좋습니다.

'그림 이해하기'는 아이의 관심을 열고, 수업에 집중할 수 있는 준비 시간을 마련해 줍니다. 짧은 순간이지만, 아이의 마음을 열고 이야기의 문을 두드리는 중요한 출발점이 될 수 있습니다.

활동지

이해하기 1

교육 활동 영역

• 또래 관계

수아와 유나가 친구로서 갈등을 겪고 있습니다. 친구 사이에서도 서로의 기분을 상하게 할 수 있기 때문에 상호 존중과 서로를 이해하려는 노력이 중요함을 배우게 됩니다.

• 공감 능력

수아는 유나의 표정을 보고 걱정하며 "무슨 일 있어?"라고 묻지만 유나는 자신의 기분에만 집중하여 수아와 대화가 어렵습니다. 친구의 감정을 이해하고 반응하는 공감 능력은 갈등을 줄이고 관계를 유지하는 데 중요한 역할을 합니다.

• 정서 조절

유나가 기분이 나쁜 상태에서 짜증을 감추지 못하자 수아는 그런 반응에 상처를 받아 화를 내고 자리를 떠나 버립니다. 감정이 격해졌을 때 잠시 멈추고, 자신의 기분을 적절하게 표현하거나 상대의 감정을 받아들이는 조절 능력이 필요합니다.

• 문제 해결

갈등이 생겼을 때 서로의 입장을 조율하거나, 잠시 시간을 갖고 차분히 이야기해 보는 등 문제를 해결하려는 노력이 필요합니다. 문제 해결 능력은 감정을 조절하고 서로 대화하는 방법을 배워야 가능하다는 점에서 중요합니다.

숨은 뜻 찾기

기본 언어 학습

▶ 시무룩하다: 기분이 좋지 않아 말이나 표정이 어둡고 기운이 빠진 상태

- ▶ 퉁명스럽다: 말이나 행동이 부드럽지 않고 무뚝뚝하며 쌀쌀맞은 태도
- ▶ 여전히: 시간이 지나도 변하지 않고 계속 같은 상태

관용어

- ▶ 가시 돋친 말: 듣는 사람의 마음을 아프게 하는 날카로운 말로, 유나가 수아에게 내뱉은 짜증 섞인 말이 해당된다.
- ▶ 기분이 상하다: 다른 사람의 말이나 행동 때문에 마음이 불편하고 언짢아지는 것으로, 유나의 짜증스러운 말에 수아가 마음이 불편해지고 화가 난다.

명언

- ▶ 말은 독이 될 수도 있고 약이 될 수도 있다: 말 한마디가 상처가 되기도, 위로가 되기도 한다는 의미로, 친구와의 관계에서도 말의 태도와 내용이 중요함을 보여 준다.

생각을 여는 지도 Tip

친구가 퉁명스럽게 대할 때 어떻게 반응하면 좋을지 이야기해 보세요. 감정에 휩쓸리기보다 상황을 이해하려고 생각해 보는 과정은 아이가 상대의 마음을 이해하고 갈등을 슬기롭게 해결하는 데 도움이 됩니다.

그림 이해하기

그림을 보고 말해요

- 이 아이는 어디 가는 길일까요?
- 아이의 표정은 어때 보이나요?
- 무슨 일이 있었던 걸까요?
- 이런 기분이 들었던 적이 있나요?

이해하기 1

교육 활동 영역: 또래 관계, 공감 능력, 정서 조절, 문제 해결

년 월 일 요일 이름: ____________

제목: ______________________

수아는 등굣길에 유나를 만나서 반갑게 인사를 건넸다.

"유나야, 안녕!"

하지만 유나는 시무룩한 표정으로 고개를 돌리며 짧게 대답했다.

"안녕!"

수아는 유나 옆에 나란히 걸으며 물었다.

"우리 학교 끝나고 놀이터에서 놀까?"

유나는 여전히 시무룩한 얼굴로 퉁명스럽게 대답했다.

"아니, 싫어."

수아는 걱정스러운 표정으로 다시 물었다.

"왜? 무슨 일 있어?"

그러자 유나가 짜증을 냈다.

"싫다니까, 왜 자꾸 귀찮게 해?"

유나의 짜증에 수아도 기분이 상했다.

"알았어! 이제 너랑 안 놀 거야!"

수아는 화가 나서 그대로 뛰어가 버렸다.

이해하기 1

» 내가 찾은 핵심어는

입니다.

(노력: 1, 우수: 2, 최우수: 3)

» 위의 핵심어를 사용하여 글을 요약하세요.

(노력: 1, 우수: 2, 최우수: 3)

» 유나가 수아에게 "왜 자꾸 귀찮게 해?"라고 말한 이유는 무엇인가요? (   )

① 수아가 유나를 놀리려고 했기 때문에
② 유나가 기분이 안 좋아서
③ 유나가 숙제를 안 했기 때문에
④ 유나가 약속을 잊었기 때문에
⑤ 기타: ____________________

(노력: 1, 우수: 2, 최우수: 3)

» 상대에게 상처를 주는 날카롭고 따가운 말을 뜻하는 관용어로, 시무룩한 얼굴로 짜증을 내며 툭툭 던진 유나의 말투에 어울리는 것은 어느 것인가요? (   )

① 기가 막히다 ② 말문이 막히다 ③ 가시 돋친 말 ④ 손을 놓다

» (   )는 친구의 기분이 좋지 않을 때 어떻게 하나요?

(노력: 1, 우수: 2, 최우수: 3)

총점:

이해하기 2

교육 활동 영역

• 가족 관계

엄마는 걱정과 조바심에 잔소리처럼 들리는 말로 유나를 압박합니다. 이런 상황은 가족 간의 신뢰와 소통에 영향을 줄 수 있으며, 감정적인 거리감이 생기지 않도록 서로의 입장을 이해하려는 노력이 필요합니다.

• 또래 관계

유나는 속상한 마음 때문에 평소라면 반가웠을 친구 수아의 제안을 선뜻 받아들이지 못합니다. 친구와의 관계에서도 자신의 감정 상태나 상황을 잘 전달하지 않으면 오해가 생길 수 있습니다.

• 정서 조절

유나는 엄마의 반복된 질문에 짜증을 내고, 감정을 표현하지 못한 채 속상함을 안고 집을 나섭니다. 또 수아의 다정한 제안에도 감정을 숨기고 반응하며 마음을 온전히 표현하지 못합니다. 자신의 감정을 인식하고 조절하며 적절히 표현하는 능력이 필요합니다.

• 자기 조절 능력

자기 조절은 감정뿐 아니라 행동을 통제하고, 우선순위를 조율하는 데 필수적인 능력으로, 일상생활 속에서 지속적으로 훈련되어야 합니다.

숨은 뜻 찾기

기본 언어 학습

▶ 미루다: 해야 할 일을 나중으로 늦추는 것

▶ 습관: 반복하는 행동이 몸에 배어 자연스럽게 되는 것

▶ 들키다: 숨기려던 것이 다른 사람에게 발각되거나 알려지는 것

관용어

▶ 불똥이 튀다: 직접적인 관계가 없는 다른 사람에게 피해나 화가 미치는 상황을 비유적으로 이르는 말로, 엄마와의 갈등으로 기분이 나빠진 유나가 수아에게 냉정하게 대하는 상황과 연결된다.

명언

▶ 습관은 두 번째 천성이다: 반복된 행동은 성격처럼 굳어질 수 있다는 의미로, 유나가 숙제를 미루는 습관을 고치지 않으면 더 큰 어려움을 겪을 수 있음을 시사한다.

생각을 여는 지도 Tip

숙제를 미루고 싶을 때나 하기 싫은 마음이 들 때 어떻게 하면 좋을지 이야기해 보세요. 짜증이나 싫은 기분이 들어도 마음을 다잡고 해야 할 일을 먼저 해 보려는 노력은 아이가 감정을 조절하고 스스로를 잘 이끌어 가는 데 도움이 됩니다.

그림 이해하기

그림을 보고 말해요

- 이 아이는 지금 무엇을 하고 있나요?
- 어떤 프로그램을 보고 있을까요?
- 아이의 표정은 어떤가요?
- ○○는 TV에서 어떤 프로그램을 자주 보나요?

이해하기 2

교육 활동 영역: 가족 관계, 또래 관계, 정서 조절, 자기 조절 능력

년 월 일 요일 이름: ___________

제목:

"유나야! 너 학원 숙제는 다 했니?"

텔레비전을 보고 있는 유나에게 엄마가 물었다.

"이따 할 거야!"

유나는 짜증 섞인 목소리로 대답했다. 어젯밤 엄마의 잔소리를 듣고도 유나는 숙제를 하지 않고 게임만 하다가 잠들었다. 아침에도 엄마는 또 물었다.

"학원 숙제 다 풀었어?"

"이따 학교 갔다 와서 할 거야!"

"자꾸 미루는 습관은 안 돼! 오늘 학교 마치면 바로 와서 풀어, 알았지?"

엄마와 실랑이를 벌이다가, 유나는 울먹이며 집을 나섰다. 등굣길은 평소와 다름없었지만, 마음은 무거웠다. 학교로 가던 중 수아가 쫓아와 말을 붙였다. 유나는 울었던 게 들킬까 봐 얼른 고개를 돌렸다. 하지만 수아는 옆에 바짝 붙어 방과 후에 놀자며 계속 말을 걸었다. 사실 유나도 놀고 싶었지만 숙제를 안 하면 엄마가 크게 화를 낼 것 같아 싫다고 말했다.

이해하기 2

» 내가 찾은 핵심어는

입니다.

(노력: 1, 우수: 2, 최우수: 3)

» 위의 핵심어를 사용하여 글을 요약하세요.

(노력: 1, 우수: 2, 최우수: 3)

» 수아가 방과 후에 놀자고 했을 때, 유나는 어떻게 반응했나요? (　)

① 흔쾌히 좋다고 했다　② 아무 대답도 하지 않았다

③ 귀찮아하며 거절했다　④ 같이 가기로 약속했다

(노력: 1, 우수: 2, 최우수: 3)

» 다른 사람의 화나 불만이 엉뚱한 사람에게 옮겨져 피해를 주는 상황을 표현한 관용어로, 숙제를 미룬 일로 엄마에게 혼난 뒤 친구의 제안도 거절하게 된 유나의 모습에 어울리는 말은 다음 중 어느 것인가요? (　)

① 입이 무겁다　② 귀가 얇다　③ 불똥이 튀다　④ 속이 후련하다

» (　　)는 화가 났을 때 친구가 자꾸 말을 걸면 어떻게 하나요?

(노력: 1, 우수: 2, 최우수: 3)

총점:

이해하기 3

교육 활동 영역

• 또래 관계

이야기 속 주인공은 자연스럽게 도움을 주고받으며 서로를 이해하게 되고, 이는 친구 관계의 첫걸음이 됩니다. 작은 배려가 관계 형성의 계기가 될 수 있음을 보여 줍니다.

• 공감 능력

상대방의 상황을 이해하여 행동으로 옮기는 모습은 공감 능력의 좋은 예입니다. 누군가의 감정과 상황에 마음을 쓰는 태도는 사회적 관계의 중요한 바탕입니다.

• 사회성

친하지 않은 아이에게도 예의를 갖추고 배려하며 관계를 넓혀 가는 모습은 사회적 기술이 발달하고 있다는 것을 보여 줍니다. 나와 다른 사람들과도 긍정적인 방식으로 상호 작용하며, 새로운 사회적 관계를 맺는 능력이 잘 나타나 있습니다.

• 자아 존중감

도움을 준 뒤 예지로부터 고마움과 호의를 받으며 주인공은 자신의 행동에 대해 긍정적인 감정을 느낍니다. '내가 누군가에게 도움이 될 수 있는 사람'이라는 인식은 자신을 소중하게 여기는 마음, 즉 자아 존중감을 키우는 데 큰 도움이 됩니다.

숨은 뜻 찾기

기본 언어 학습

▶ 수줍다: 남 앞에서 부끄럽거나 쑥스러워하는 마음 상태

속담

▶ 오는 정이 있어야 가는 정이 있다: 남에게 정을 베풀어야 자신에게도 정이 돌아온다는 뜻으로, 다른 사람에게 친절하게 대하면 그 사람도 자신에게 친절하게 대한다는 의미다. 넘어진 예지를 먼저 도와주는 '오는 정'을 베풀었기 때문에, 예지도 감사함을 표하며 초콜릿과 쪽지를 건네는 '가는 정'을 보여 준다.

관용어

▶ 손을 내밀다: 도와주기 위해 먼저 나서다. 이름도 모르는 아이에게 먼저 다가가 손을 내밀어 도와준 모습과 연결된다.

명언

▶ 선행은 언젠가 돌아온다: 누군가를 돕는 따뜻한 행동은 언젠가 좋은 결과로 돌아온다는 의미로, 예지의 감사 쪽지와 초콜릿이 그 보답이 되는 장면과 어울린다.

생각을 여는 지도 Tip

도움을 주거나 받았던 일에 대해 이야기해 보세요. 작은 친절이 친구가 되는 계기가 될 수 있다는 것을 알게 되면 사회성을 기르는 데 도움이 됩니다.

그림 이해하기

그림을 보고 말해요

- 지금 날씨는 어떤가요?
- 이 아이는 어디로 가는 길일까요?
- 아이는 어떤 표정을 하고 있나요?
- 눈이 올 때는 어떤 점을 조심해야 할까요?

이해하기 3

교육 활동 영역: 또래 관계, 공감 능력, 사회성, 자아 존중감

년　　월　　일　　요일 이름: ____________

제목: ________________________________

눈이 많이 내리는 날이었다. 길이 미끄러워 조심조심 걷고 있는데, 갑자기 "콰당! 으악!" 하는 소리가 들렸다. 돌아보니 옆 반의 아이가 길바닥에 넘어져 있었다. 얼굴은 알지만, 이름도 모르고 대화를 나눈 적도 없는 아이였다. 잠시 망설이던 나는 곧 그 아이에게 다가가 손을 잡아 일으켜 주었다.

"괜찮니?"

아이는 빨개진 얼굴로 미소를 지으며 대답했다.

"으응, 괜찮아!"

나는 아이의 옷에 묻은 눈을 털어 주고, 가방도 주워 손에 쥐여 주었다.

"고마워!"

그 아이는 수줍게 말하고 달아나듯 뛰어갔다.

"어어, 조심해! 그러다 또 넘어진다."

나는 멀어지는 아이에게 소리쳤다.

며칠 후, 책상 위에서 쪽지와 함께 초콜릿을 발견했다. 쪽지에는 "지난번에 도와줘서 고마워! 앞으로 친하게 지내자. -예지-"라고 적혀 있었다. 나는 '아, 그 아이 이름이 예지구나!' 하고 생각했다.

이해하기 3

» 내가 찾은 핵심어는

입니다.

(노력: 1, 우수: 2, 최우수: 3)

» 위의 핵심어를 사용하여 글을 요약하세요.

(노력: 1, 우수: 2, 최우수: 3)

» 어려운 상황에 처한 사람에게 먼저 다가가 도와주려는 태도를 표현한 관용어로, 길에 넘어진 친구에게 다가가 도와준 주인공의 행동에 어울리는 말은 다음 중 어느 것인가요? (　)

① 눈앞이 캄캄하다 ② 손을 내밀다 ③ 귀를 기울이다 ④ 입이 귀에 걸리다

» 나는 누군가에게 도움을 받아 본 적이 (있어요 ①/없어요 ②)

① 도움을 받으니까 나는 기분이 (좋았어요./고마웠어요./기분이 나빴어요./기타: ____________)

② 만약 누가 도와준다고 하면 (도움을 받을 거예요./도움을 받지 않을 거예요.)

(노력: 1, 우수: 2, 최우수: 3)

총점:

이해하기 4

교육 활동 영역

• 또래 관계

작은 배려와 진심 어린 표현이 또래 관계를 긍정적으로 형성하는 데 중요한 역할을 한다는 것을 알 수 있습니다.

• 자아 존중감

넘어졌을 때 창피한 감정이 들었지만, 예지는 도움받은 경험을 부끄럽게 여기지 않고 감사한 마음으로 받아들입니다. 자신을 긍정적으로 바라보고, 자신의 감정과 행동을 존중하는 모습은 자아 존중감이 잘 형성되어 있음을 보여 줍니다.

• 정서 표현 능력

예지는 도윤이에게 고마운 마음을 말로 표현하고, 나중에는 쪽지와 초콜릿으로 마음을 전합니다. 자신의 감정을 솔직하고 따뜻하게 표현할 수 있는 능력은 건강한 인간관계의 기본이며, 정서 발달에 있어 중요한 요소입니다.

• 사회성

도움을 받은 예지가 적극적으로 먼저 마음을 표현하고 다가간 행동은 사회적으로 성숙한 태도를 보여 줍니다. 친구와 좋은 관계를 맺기 위해 배려와 용기 있는 행동이 필요하다는 점을 잘 보여 주는 예입니다.

숨은 뜻 찾기

✕ 기본 언어 학습

▶ 걸리적거리다: 무언가가 걸리거나 방해되어 움직이기 불편한 상태

표현 익히기

▶ 길이 미끄러우니까 바지 입고 가는 게 어때?: 상황에 맞게 안전을 고려한 옷차림을 조심스럽게 제안할 때 쓰는 표현이다. '~니까'는 이유나 상황을 설명할 때 쓰이며, '~하는 게 어때?'는 부드럽게 의견이나 제안을 건넬 때 사용하는 말이다.

속담

▶ 비 온 뒤에 땅이 굳어진다: 안 좋은 일을 겪은 뒤에 오히려 더 단단하고 좋은 결과가 생긴다는 뜻이다. 예지가 넘어진 일을 계기로 도윤이와 가까워져 좋은 친구가 된 상황과 연결된다.

생각을 여는 지도 Tip

실수와 부끄러움 속에서도 새로운 친구가 생길 수 있다는 점에 대해 이야기해 보세요. 도윤이의 도움을 고마운 마음으로 받아들이고 친구가 되는 예지의 모습을 통해, 열린 태도와 용기가 좋은 관계를 만들어 준다는 것을 알게 되며, 이를 통해 자연스럽게 사회성이 향상됩니다.

그림 이해하기

그림을 보고 말해요

- 이 아이는 어디에서 나오는 중일까요?
- 아이의 표정을 보니 기분이 어떤 것 같나요?
- 지금 날씨는 어떤 계절일까요?
- 아이는 어떤 옷을 입고 있나요?

이해하기 4

교육 활동 영역: 또래 관계, 자아 존중감, 정서 표현 능력, 사회성

년 월 일 요일 이름: ____________

제목: ______________________________

아침에 학교 갈 준비를 하는데, 창밖에 눈이 펑펑 내리고 있었다.

"예지야, 길이 미끄러우니까 바지 입고 가는 게 어때?"

엄마가 말했다. 하지만 나는 "괜찮아요! 치마가 예쁜 걸요!"라며 치마를 입었다. 나는 조심히 걸었다. 하지만 눈길이 미끄러운 데다 치마까지 자꾸 걸리적거려, 교문 앞에서 쿵! 하고 넘어지고 말았다.

"으악! 아야!"

얼른 일어나려고 했지만 바닥이 미끄러워 쉽게 일어날 수 없었다. 그때 누군가 내 팔을 잡아 일으켜 주었다.

"괜찮니?"

고개를 들어 보니 옆 반 도윤이었다.

"어…… 괜찮아. 고마워!"

나는 너무 창피했다. 하지만 고마운 마음이 더 컸다.

며칠 뒤, 나는 용기를 내어 초콜릿과 함께 "친하게 지내자!"라는 내용의 쪽지를 써서 도윤이 책상에 살짝 올려 두었다. 그날 이후, 우리는 학교에서 가장 친한 친구가 되었다. 가끔 나는 '그때 엄마 말을 듣지 않길 잘했어!'라고 생각하곤 했다.

이해하기 4

» 내가 찾은 핵심어는

입니다.

(노력: 1, 우수: 2, 최우수: 3)

» 위의 핵심어를 사용하여 글을 요약하세요.

(노력: 1, 우수: 2, 최우수: 3)

» 예지와 도윤이는 어떻게 친구가 되었나요? (　　)

① 예지가 넘어져서　　② 도윤이가 도와줘서
③ 예지가 친하게 지내자는 쪽지를 줘서　　④ 기타: ____________

(노력: 1, 우수: 2, 최우수: 3)

» 처음에는 불행한 일 같았지만, 결과적으로 좋은 일이 된 상황을 표현한 사자성어로, 눈길에 넘어졌지만 그 일을 계기로 도윤이와 친해지게 된 예지의 경험에 어울리는 말은 다음 중 어느 것인가요? (　　)

① 작심삼일　② 동문서답　③ 전화위복　④ 이심전심

» (　　　　)는 친구와 처음 어떻게 친하게 되었나요?

(노력: 1, 우수: 2, 최우수: 3)

총점:

이해하기 5

교육 활동 영역

• 정서 조절

화빈이는 현장학습에 갈 수 없다는 사실에 속상해서 감정을 폭발시키지만 상황을 이해하려는 노력도 점차 보이게 됩니다. 실망스러운 감정을 다루고 조절하는 능력은 점차 성장하면서 기를 수 있는 중요한 정서적 기술입니다.

• 사회 규칙

엄마는 아픈 상태로 학교에 가면 친구들에게 감기를 옮길 수 있다는 이유로 가지 말라고 합니다. 이는 개인의 욕구보다 공동체의 안전을 우선시해야 한다는 사회 규칙의 중요한 개념을 반영합니다.

• 자기 조절 능력

화빈이는 화가 나고 속상한 마음에 울고 떼를 쓰지만, 엄마의 설명을 듣고 점차 상황을 받아들이기 시작합니다. 자신의 감정과 욕구를 조절하고, 해야 할 행동을 선택하는 능력은 자기 조절 능력의 중요한 부분입니다.

• 공감 능력

엄마는 화빈이의 기대와 실망을 이해하면서도, 친구들을 배려해야 한다는 점을 알려줍니다. 이 과정에서 화빈이 역시 '친구들에게 감기 옮기면 안 되잖아'라는 말에 스스로 상황을 받아들일 기회를 얻게 됩니다. 타인의 입장을 생각해 보는 공감 능력을 키우는 장면입니다.

숨은 뜻 찾기

기본 언어 학습

- 동시에: 같은 시간에 둘 이상의 일이 함께 일어나는 것
- 들뜨다: 기분이 좋아서 마음이 가라앉지 않고 조금 흥분되어 있는 상태
- 절로: 저절로, 즉 자연스럽게 저항 없이 일어나는 것

속담

- 다 된 밥에 재 뿌리기: 잘 되어 가던 일에 뜻하지 않은 장애가 생겨 일을 망치거나 그르친다는 뜻이다. 화빈이가 현장학습 갈 준비를 다 마쳤는데 아프게 되어 가지 못하게 된 상황을 표현한다.

관용어

- 발을 동동 구르다: 초조하거나 답답해서 안절부절못하는 모습을 표현한다.

생각을 여는 지도 Tip

기대했던 일이 무산되었을 때 느끼는 아쉬움과 속상한 감정에 대해 이야기해 보세요. 속상한 마음을 조절하고 다른 사람을 생각하는 과정은 아이의 정서 조절과 자기 조절 능력, 공감 능력과 사회 규칙 이해를 길러 줍니다.

그림 이해하기

그림을 보고 말해요

- 이 안내문은 어떤 활동을 알리는 내용인가요?
- 몇 월 며칠 무슨 요일에 떠나나요?
- 몇 시까지 어디에 모여야 하나요?
- 어떤 옷을 입고 가야 좋을까요?

이해하기 5

교육 활동 영역: 정서 조절, 사회 규칙, 자기 조절 능력, 공감 능력

년 월 일 요일 이름: ____________

제목: ______________________

오늘은 학교에서 현장학습을 가는 날이었다. 화빈이는 어제 저녁부터 마음이 들떠 있었다. 저녁을 먹을 때도, 잠자리에 누울 때도 입에서 콧노래가 절로 나왔다. 하지만 아침이 되자 화빈이는 코를 훌쩍이더니 콧물을 주르륵 흘렸다. 기침도 자꾸 나왔다. 엄마는 화빈이의 이마에 손을 얹었다.

"어머, 화빈아. 이마가 뜨거워."

엄마는 걱정스러운 눈빛으로 말했다.

"오늘은 학교 가지 말고 집에서 쉬는 게 좋겠어."

화빈이의 표정이 순식간에 어두워졌다.

"싫어! 나 현장학습 가야 한단 말이야!"

화빈이는 발을 동동 구르며 울먹였다.

"친구들이랑 같이 가야 해! 안 가면 나만 빠지게 되잖아!"

하지만 엄마는 단호한 목소리로 말했다.

"아프면 현장학습을 가도 재미없어. 그리고 다른 친구들에게 감기 옮기면 안 되잖아."

화빈이는 억울하고 속상한 마음에 눈물이 핑 돌았다.

이해하기 5

내가 찾은 핵심어는

입니다.

(노력: 1, 우수: 2, 최우수: 3)

위의 핵심어를 사용하여 글을 요약하세요.

(노력: 1, 우수: 2, 최우수: 3)

화빈이는 왜 엄마한테 화를 내나요? (　)

① 엄마가 싫어서　② 엄마 때문에 감기에 걸려서

③ 기타: ____________

(노력: 1, 우수: 2, 최우수: 3)

속상하거나 안타까운 마음에 어쩔 줄 몰라 안절부절못하는 모습을 표현한 관용어로, 현장학습에 가지 못하게 되자 울먹이며 어쩔 줄 몰라 했던 화빈이의 행동에 어울리는 말은 다음 중 어느 것인가요? (　)

① 손을 놓다　② 눈을 붙이다　③ 귀를 기울이다　④ 발을 동동 구르다

계획대로 되지 않은 적이 (있어요 ①/없어요 ②)

① 계획대로 되지 않았을 때 기분이 ____________

② 만약 계획대로 되지 않더라도 ____________

(노력: 1, 우수: 2, 최우수: 3)

총점:

이해하기 6

교육 활동 영역

• 또래 관계

친구들과 함께 방학 동안의 이야기를 나누며 즐거운 분위기를 공유합니다. 그러다가 주연이의 어려운 상황을 알아채고 아이들은 조용히 반응하며 관계를 배려합니다. 서로를 존중하는 관계 형성의 모습이 잘 드러난 장면입니다.

• 공감 능력

윤하와 친구들은 주연이의 상황을 알게 된 후 즉시 말투와 태도를 바꾸며 조심스럽게 위로합니다. 상대방의 감정과 처지를 헤아리고 진심으로 공감하는 능력이 자연스럽게 나타납니다.

• 정서 표현 능력

주연이는 말없이 시무룩한 표정으로 있다가 자신의 상황을 솔직하게 표현합니다. 또한, 친구들은 말뿐 아니라 몸짓(어깨에 손을 얹는 등)으로 위로의 감정을 표현합니다. 감정을 적절하게 말과 행동으로 표현하는 능력이 돋보입니다.

• 사회성

친구들이 주연이의 감정을 존중하고 상황에 맞게 분위기를 조절하며 행동하는 모습은 사회적 상호작용 능력이 잘 발달되어 있다는 것을 보여 줍니다. 다양한 감정과 상황 속에서 조화롭게 어울리는 태도는 건강한 사회성의 기반입니다.

숨은 뜻 찾기

기본 언어 학습

- 덧붙이다: 앞에 한 말이나 글에 내용을 보태어 추가하는 것
- 눈치채다: 상대방의 기분이나 상황을 말하지 않아도 알아차리는 것

관용어

- 풀이 죽다: 기운을 잃고 맥이 빠지거나 기가 꺾인 상태를 뜻한다. 친구들의 신나는 이야기를 듣고 주연이가 시무룩한 표정으로 힘없이 대답했던 모습과 딱 맞아떨어진다.

생각을 여는 지도 Tip

다른 친구들은 즐거운 방학을 보낼 동안 우울한 방학을 보낸 주연이의 감정에 대해 이야기해 보세요. 친구의 감정을 알아차리고 따뜻하게 표현하는 일은 아이의 공감 능력과 또래 관계, 사회성을 키우는 데 도움이 됩니다.

그림 이해하기

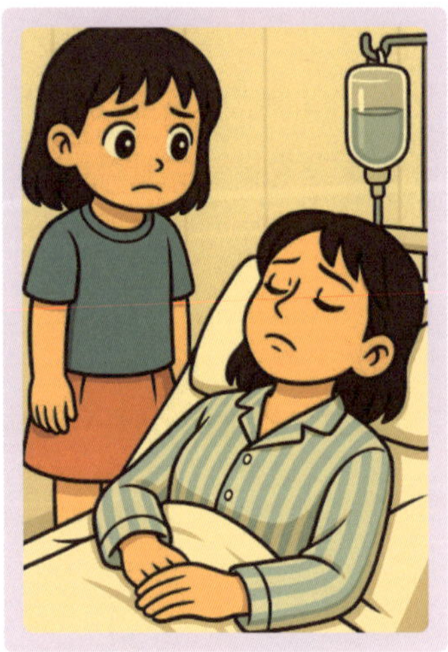

그림을 보고 말해요

- 어디에 있는 장면인가요?
- 누가 아픈 것 같나요?
- 아픈 사람을 위해 무엇을 해 줄 수 있을까요?
- ○○가 아플 때 누가 가장 먼저 걱정해 주었나요?

이해하기 6

교육 활동 영역: 또래 관계, 공감 능력, 정서 표현 능력, 사회성

년 월 일 요일 이름: ____________

제목: ______________________________

방학이 끝나고 개학 첫날이었다. 윤하, 주연이, 하나, 화빈이가 저마다 방학 동안 어떻게 지냈는지 이야기하고 있었다.

"우리 가족은 제주도에 다녀왔어. 거기서 수영도 하고, 잠수함도 탔어."

윤하가 활짝 웃으며 자랑했다.

"난 베트남에 있는 외할머니 댁에 다녀왔어. 거기서 쌀국수도 많이 먹고 외삼촌, 이모, 사촌 언니, 동생들을 많이 만났어."

하나가 신나게 덧붙였다.

"난 방학 동안 〈해리포터〉 시리즈를 책으로 다시 읽었어. 영화로 보던 거랑 느낌이 다르더라. 정말 재미있었어."

화빈이도 자랑스럽게 말했다. 아이들이 방학 동안 있었던 일들을 이야기하는 동안, 주연이는 시무룩한 표정으로 말없이 있었다. 이를 눈치챈 윤하가 주연이를 바라보며 물었다.

"주연아, 너는 방학 때 뭐 했니?"

주연이는 고개를 살짝 숙이며 풀이 죽은 목소리로 대답했다.

"난 아무것도…… 엄마가 아프셔서……."

떠들던 아이들이 갑자기 조용해졌다. 잠시 후, 화빈이가 조심스럽게 말했다.

"아…… 그랬구나. 우리가 몰랐어. 미안해."

아이들은 주연이의 어깨에 가만히 손을 얹으며 조용히 위로해 주었다.

이해하기 6

» 내가 찾은 핵심어는

입니다.

(노력: 1, 우수: 2, 최우수: 3)

» 위의 핵심어를 사용하여 글을 요약하세요.

(노력: 1, 우수: 2, 최우수: 3)

» 화빈이가 주연이에게 미안하다고 한 이유는 무엇인가요? ( )

① 주연이의 기분을 살피지 않고 즐겁게 이야기해서

② 방학 때 힘들었을 주연이 앞에서 자랑하듯 이야기해서

③ 기타: ____________________

(노력: 1, 우수: 2, 최우수: 3)

» 기운이 없고 의기소침해진 상태를 표현한 관용어로, 방학 동안 아무것도 하지 못한 이유를 말하며 조용히 고개를 숙인 주연이의 모습에 어울리는 말은 다음 중 어느 것인가요? ( )

① 입이 무겁다 ② 머리를 식히다 ③ 풀이 죽다 ④ 뿌리가 깊다

» 나와 다른 상황의 친구를 본 적이 (있어요 ①/없어요 ②)

① ____________________

② 만약 그런 친구를 만난다면 ____________________

(노력: 1, 우수: 2, 최우수: 3)

총점:

이해하기 7

교육 활동 영역

• 기본 생활 습관

수현이는 심부름을 책임감 있게 수행하며, 바른 인사와 질서 있는 행동을 보입니다. 혼자서 물건을 사 오는 경험은 스스로 할 일을 처리하는 습관을 기르는 데 도움이 됩니다.

• 자아 존중감

처음으로 혼자 심부름을 하며 수현이는 자랑스럽고 기쁜 마음을 느낍니다. 자신의 역할을 잘 해냈다는 경험은 '나는 할 수 있다'는 자신감을 키워 주고, 긍정적인 자아 인식을 형성하는 데 기여합니다.

• 사회성

엘리베이터 안의 할머니, 마트 아주머니와 자연스럽게 인사하고 대화하는 모습을 통해 수현이는 이웃과의 따뜻한 관계를 맺는 사회적 상호작용을 경험합니다. 타인과의 긍정적인 관계를 형성하는 능력이 잘 드러납니다.

• 의사소통

수현이는 자신 있게 인사하고, 필요한 물건을 정확하게 요청하며 대화를 주고받습니다. 상황에 맞는 말과 행동으로 상대와 소통하는 능력이 자연스럽게 드러나며, 이는 일상생활 속에서 중요한 의사소통 기술입니다.

숨은 뜻 찾기

기본 언어 학습

▶ 설레다: 기대나 기쁨으로 마음이 두근거리는 것

▶ 기특하다: 어린아이나 누군가의 행동이 대견하고 장하다고 느껴지는 것

▶ ~를 나서다: 어떤 장소나 목적을 향해 본격적으로 출발하거나 움직이기 시작하는 것

관용어

▶ 제 몫을 하다: 맡은 일을 자기 책임대로 잘 해내다. 수현이가 맡은 심부름을 스스로 잘 해낸 모습과 어울린다.

속담

▶ 하나를 보면 열을 안다: 작은 행동 하나만 보아도 그 사람의 마음이나 태도를 짐작할 수 있다는 뜻으로, 처음 가는 심부름에서도 예의 바르고 자신감 있게 행동한 수현이의 모습에 잘 들어맞는다.

생각을 여는 지도 Tip

처음으로 혼자 심부름을 한 수현이의 모습에서 느껴지는 떨림과 자부심을 함께 이야기해 보세요. 낯선 상황에서도 예의를 지키고 맡은 일을 끝까지 해내려는 마음을 떠올려 보는 일은 아이가 책임감과 바른 행동에 대해 생각해 볼 수 있는 기회가 됩니다.

그림 이해하기

그림을 보고 말해요

- 이곳은 어디인가요?
- 이 아이는 무엇을 들고 있나요?
- 무슨 일을 하러 온 걸까요?
- 어떤 물건들을 사게 될까요?

이해하기 7

교육 활동 영역: 기본 생활 습관, 자아 존중감, 사회성, 의사소통

년 월 일 요일 이름: ____________

제목: ______________________________

수현이는 처음으로 혼자 심부름을 갔다. 마트 심부름은 처음이라 조금 긴장되었지만 설레는 마음도 들었다. 엘리베이터에서 위층에 사는 할머니를 만났다.

"안녕하세요."

수현이는 웃으며 인사했다.

"오, 수현이구나. 어디 가니?"

할머니가 물었다.

"마트에요. 엄마 심부름 가요."

수현이가 자랑스럽게 대답했다.

"기특하구나. 조심해서 다녀오렴."

할머니는 따뜻하게 미소를 지었다. 마트에 도착하자, 수현이는 문을 열고 안으로 들어갔다.

"안녕하세요. 두부 한 개 주세요."

수현이는 계산대 앞에 선 아주머니를 향해 큰 소리로 말했다.

"수현이, 엄마 심부름 왔구나. 두부 한 모 줄까?"

아주머니가 친절하게 물었다.

"네, 두부 한 모 주세요."

수현이는 고개를 끄덕이며 대답했다. 두부를 받아 든 수현이는 콧노래를 부르며 마트를 나섰다.

이해하기 7

» 내가 찾은 핵심어는

입니다.

(노력: 1, 우수: 2, 최우수: 3)

» 위의 핵심어를 사용하여 글을 요약하세요.

(노력: 1, 우수: 2, 최우수: 3)

» 수현이는 몇 살 정도 되었을까요? (____살)
왜 그렇게 생각하나요?

(노력: 1, 우수: 2, 최우수: 3)

» 작은 행동 하나만 보아도 그 사람의 마음이나 태도를 짐작할 수 있다는 의미의 속담으로, 처음 가는 심부름에서도 예의 바르고 자신감 있게 행동한 수현이의 모습에 어울리는 말은 다음 중 어느 것인가요? (   )

① 되로 주고 말로 받는다
② 고래 싸움에 새우 등 터진다
③ 말 한마디에 천 냥 빚도 갚는다
④ 하나를 보면 열을 안다

» (   )가 심부름으로 가장 멀리까지 가 본 곳이 어디인가요?

(노력: 1, 우수: 2, 최우수: 3)

총점:

이해하기 8

교육 활동 영역

• 사회 규칙

줄을 서는 것은 학교생활의 기본적인 규칙이며, 모두가 지켜야 할 질서입니다. 정우의 행동은 규칙을 무시한 것입니다.

• 정서 조절

자신의 감정을 바로 표현하지 못하고 억누르며 감정을 안으로 쌓는 다은이의 모습은 조절의 어려움을 보여 줍니다. 감정을 적절한 방식으로 표현하는 연습이 필요합니다.

• 또래 관계

정우의 행동과 근우의 말 모두 다은이에게 또래 압력을 줍니다. 친구들과의 관계 속에서 눈치를 보거나 불편한 감정은 자신감과 관계 형성에 영향을 줄 수 있습니다. 건강한 또래 관계를 위해서는 서로의 입장을 이해하고 존중하는 태도가 필요합니다.

• 문제 해결

다은이는 문제 상황을 인식했지만, 적절한 대응을 하지 못합니다. 갈등이 생겼을 때 정중하게 자신의 생각을 말하거나, 조용히 선생님이나 어른에게 도움을 요청하는 등의 해결 방법을 배우는 것이 중요합니다. 침묵보다는 조심스럽지만 분명한 표현이 문제를 푸는 열쇠가 될 수 있습니다.

숨은 뜻 찾기

기본 언어 학습

▶ 끼어들다: 줄이나 대열 등에서 순서를 지키지 않고 사이에 불쑥 들어가는 것

- 태연하다: 놀라거나 당황할 상황에서도 침착하고 아무렇지 않은 듯 행동하는 것
- 치밀어 오르다: 감정이나 기운이 갑자기 세차게 올라오는 것

속담

- 벙어리 냉가슴 앓듯: 하고 싶은 말이나 답답한 마음을 겉으로 나타내지 못하고 속으로만 끙끙 앓는다는 뜻이다. 다은이가 정우의 새치기에 화가 났지만 괜히 싸움이 날까 봐 아무 말도 못 하고 속으로만 속상해했던 상황과 딱 맞아떨어진다.

관용어

- 입을 다물다: 하고 싶은 말이나 불만을 말하지 않고 참는 태도로, 부당한 상황에서도 아무 말 못하고 참는 다은이의 행동과 어울린다.

생각을 여는 지도 Tip

줄을 서는 상황에서 새치기를 당하고도 말하지 못한 다은이의 마음을 함께 이야기해 보세요. 부당한 상황에서 느끼는 감정과 말하지 못하는 이유, 그리고 그럴 때 어떻게 자신의 입장을 표현하면 좋을지에 대해 생각해 보는 활동은 공정함과 용기 있는 태도를 기르는 데 도움이 됩니다.

그림 이해하기

그림을 보고 말해요

- 이 식판에는 어떤 음식들이 담겨 있나요?
- 어디에서 먹는 밥일까요?
- 반찬을 골고루 먹으면 좋은 점은 무엇일까요?
- 급식실에서 지켜야 할 예절에는 무엇이 있을까요?

이해하기 8

교육 활동 영역: 사회 규칙, 정서 조절, 또래 관계, 문제 해결

년 월 일 요일 이름: ____________

제목: ______________________________

점심시간이 되어 다은이는 식판을 들고 줄을 섰다. 차례를 기다리고 있는데, 정우가 슬며시 다가와 앞에 끼어들었다. 다은이는 순간 당황해 어쩔 줄 몰랐다. 정우를 바라봤지만, 정우는 태연한 표정으로 앞을 보고 서 있었다. 화가 치밀어 올랐지만, 정우에게 따지지 못했다. 괜히 싸움이라도 날까 걱정이 되었기 때문이다. 다은이는 조용히 한숨을 내쉬었다. 하지만 정우는 거기서 멈추지 않았다.

"성재야! 이리 와. 여기 서."

정우는 성재까지 불러 자신의 앞에 세웠다.

'이건 좀 너무한 거 아니야?'

다은이는 속으로 생각만 했다. 그때, 뒤에서 이 상황을 지켜보던 근우가 화난 목소리로 말했다.

"다은아, 너 바보야? 왜 자꾸 애들을 새치기하게 둬?"

다은이는 창피해서 얼굴이 새빨개졌다.

이해하기 8

» 내가 찾은 핵심어는

입니다.

(노력: 1, 우수: 2, 최우수: 3)

» 위의 핵심어를 사용하여 글을 요약하세요.

(노력: 1, 우수: 2, 최우수: 3)

» 다은이는 왜 아무 말도 못했을까요?

(노력: 1, 우수: 2, 최우수: 3)

» 속이 상하거나 억울해도 말하지 못하고 혼자 속으로만 끙끙 앓는 모습을 표현한 속담으로, 정우의 새치기를 보면서도 말하지 못하고 참기만 한 다은이의 마음에 어울리는 말은 다음 중 어느 것인가요? (　)

① 되로 주고 말로 받는다　② 꿩 대신 닭

③ 윗물이 맑아야 아랫물이 맑다　④ 벙어리 냉가슴 앓듯

» 만약 누군가 (　　) 앞에 끼어든다면 어떻게 할 건가요?

(노력: 1, 우수: 2, 최우수: 3)

총점:

이해하기 9

교육 활동 영역

• 기본 생활 습관

식사 시간에 선우는 의자를 흔들고, 컵을 장난감처럼 다루며 기본적인 식사 예절을 지키지 못합니다. 일상에서 올바른 생활 습관을 반복적으로 익히는 것은 자기 관리의 기초입니다.

• 정서 조절

아빠는 큰소리를 내고, 엄마 또한 감정적으로 반응하게 됩니다. 감정을 조절하여 차분한 대화를 통해 상황을 조율하는 방법이 필요합니다.

• 가족 관계

부모가 선우의 행동에 각기 다른 방식으로 반응하면서 갈등이 발생합니다. 서로를 이해하고 존중하는 태도로 조율해야 가족 간 신뢰와 안정감이 유지될 수 있습니다. 부드럽고 일관된 훈육이 가족 관계에서 중요합니다.

• 자기 조절 능력

선우는 자기 행동을 조절하는 데 어려움을 보입니다. 자신의 행동을 통제하고, 타이밍을 조절하며 주의 깊게 행동하는 능력을 키우는 것이 필요합니다.

숨은 뜻 찾기

기본 언어 학습

▶ 삐걱거리다: 물체가 서로 닿거나 마찰되어 소리가 나는 것

▶ 묵묵히: 아무 말 없이 조용히 행동하는 것

- 움츠리다: 겁을 먹거나 두려워 몸을 작게 오그리는 것
- 언성을 높이다: 화가 나거나 강하게 주장할 때 목소리를 높이는 것

속담

- 동상이몽(同床異夢): 같은 자리에 누워서 다른 꿈을 꾼다는 뜻으로, 같은 입장이나 목표를 가졌더라도 서로 생각이 다름을 비유적으로 이르는 말이다. 엄마와 아빠 모두 선우를 바르게 키우고 싶은 마음은 같지만, 대처하는 방식에서 생각이 다른 상황과 연결된다.

관용어

- 의견이 부딪히다: 서로 다른 생각이나 주장이 맞서서 충돌하는 것을 의미한다. 선우의 식사 태도를 두고 엄마와 아빠가 언성을 높이며 갈등하는 상황을 잘 나타내 준다.

생각을 여는 지도 Tip

식사 시간에 장난을 치다 실수한 선우와 그 상황을 대하는 부모님의 반응을 함께 이야기해 보세요. 실수에 대한 적절한 지적과 감정 표현 방법에 대해 생각하며, 서로의 말과 행동이 가족 분위기에 어떤 영향을 주는지 돌아보는 데 도움이 됩니다.

그림 이해하기

그림을 보고 말해요

- 이 아이는 무엇을 하고 있나요?
- 식사할 때 어떤 자세로 먹는 것이 바람직할까요?
- 이 그림을 보고 어떤 기분이 드나요?
- 집에서 식사할 때 지켜야 할 예절은 무엇인가요?

이해하기 9

교육 활동 영역: 기본 생활 습관, 정서 조절, 가족 관계, 자기 조절 능력

년 월 일 요일 이름: ____________

제목: ______________________________

저녁 식사 시간이었다. 선우는 밥을 먹으면서 의자를 앞뒤로 흔들기 시작했다. 의자에서 삐걱거리는 소리가 울렸다. 엄마가 조용히 말했다.

"선우야, 바르게 앉아서 먹어야지! 의자 흔들다가 넘어지면 다쳐요."

선우는 자세를 고쳐 앉았다. 잠시 후, 선우는 식탁에 놓인 물컵을 손가락으로 빙글빙글 돌리며 장난을 치기 시작했다. 물이 컵 안에서 찰랑찰랑 흔들렸다. 엄마는 다시 한 번 선우에게 말했다.

"선우야, 그러다가 물 쏟겠어."

엄마의 말이 끝나기도 전에 컵이 쓰러져 물이 바닥으로 흘러내렸다. 그때까지 묵묵히 식사만 하던 아빠가 갑자기 소리를 버럭 질렀다.

"선우! 식사 태도가 왜 그 모양이야? 똑바로 앉지 못해!"

아빠의 화난 목소리에 놀란 선우가 몸을 움츠렸다. 그러자 엄마는 물을 닦으며 아빠를 향해 언성을 높였다.

"아니, 왜 그렇게 큰소리를 내요. 선우 놀라잖아요."

이해하기 9

내가 찾은 핵심어는

입니다.

(노력: 1, 우수: 2, 최우수: 3)

위의 핵심어를 사용하여 글을 요약하세요.

(노력: 1, 우수: 2, 최우수: 3)

서로 자기 말이 맞다고 우기며 말로 다투는 상황을 표현한 관용어로, 선우의 행동을 두고 아빠가 버럭 화를 내자 엄마가 맞받아치며 언성이 높아진 상황에 어울리는 말은 다음 중 어느 것인가요? ( )

① 속이 쓰리다 ② 귀가 얇다 ③ 입씨름하다 ④ 눈앞이 캄캄하다

선우가 식사 시간에 한 두 가지 행동은 무엇인가요?

(노력: 1, 우수: 2, 최우수: 3)

( )는 식사 시간이나 수업 시간이 지루할 때 어떻게 하나요?

(노력: 1, 우수: 2, 최우수: 3)

총점:

이해하기 10

교육 활동 영역

• 또래 관계

친구 사이의 신뢰는 서로의 말과 행동을 어떻게 받아들이느냐에 따라 흔들릴 수 있으며, 관계를 회복하기 위해서는 서로의 입장을 이해하려는 노력이 필요합니다.

• 정서 조절

감정을 조절하지 못하면 오해가 더 깊어지고, 문제를 푸는 데 어려움이 생깁니다. 감정이 격할 때일수록 차분하게 표현하는 연습이 필요합니다.

• 문제 해결

갈등 상황에서는 서로의 말을 잘 듣고, 오해가 생긴 부분을 함께 돌아보며 조율해야 합니다. 감정적으로 대립하기보다 상대의 말을 인정하고 확인하는 대화가 필요합니다.

• 의사소통

두 명의 아이 모두 자신의 입장만을 주장하고, 상대의 말에 귀 기울이지는 못하고 있습니다. 효과적인 의사소통은 자신의 감정을 표현함과 동시에 상대방의 말도 경청하며 반응하는 균형 잡힌 대화 방식이 필요합니다.

숨은 뜻 찾기

기본 언어 학습

▶ 힐끗 쳐다보다: 몰래 또는 짧게 빠르게 바라보는 것

▶ 갸우뚱하다: 고개를 한쪽으로 기울이며 의아해하거나 생각하는 모습을 나타내는 것

▶ 도무지: 아무리 해도 도저히(이해하거나 생각해 낼 수 없는 상태를 강조하는 말)

속담

▶ 가는 말이 고와야 오는 말이 곱다: 자신이 다른 사람에게 예의 있게 행동해야 상대방도 그렇게 대해 준다는 뜻이다. 지윤이의 무심한 행동이 수현이에게 상처를 주었고, 그 결과로 수현이의 냉정한 태도를 받게 된 상황과 연결된다.

▶ 눈에는 눈, 이에는 이: 상대방이 내게 한 대로 똑같이 갚아 준다는 뜻이다. 수현이는 어제 지윤이가 자신을 무시했다고 느껴서, 오늘 지윤이를 똑같이 무시한 상황과 연결된다. 수현이 입장에서는 지윤이에게 복수한 것이라고 볼 수 있다.

관용어

▶ 등을 돌리다: 관계가 멀어지거나 단절되는 것을 비유적으로 이르는 표현으로, 수현이가 지윤이의 부름에 아무런 반응 없이 외면하는 장면과 연결된다.

생각을 여는 지도 Tip

친구 사이의 작은 오해로 인해 감정이 상한 상황을 함께 이야기해 보세요. 억울한 상황에서도 상대의 이야기를 먼저 들어 보려는 태도의 중요성을 생각해 보고, 오해를 풀기 위한 대화가 왜 필요한지도 함께 나눠 보세요.

그림 이해하기

그림을 보고 말해요

- 이 아이는 지금 어디에서 무엇을 하고 있나요?
- 왜 이렇게 신나 보일까요?
- 이 아이처럼 반가운 친구를 만났을 때 어떻게 인사하나요?
- 학교 복도에서 지켜야 할 규칙에는 무엇이 있나요?

이해하기 10

교육 활동 영역: 또래 관계, 정서 조절, 문제 해결, 의사소통

년 월 일 요일 이름: ____________

제목:

지윤이가 가방을 메고 교실을 향해 걷다가 앞서가고 있는 수현이를 보았다.

"수현아!"

지윤이는 반갑게 수현이를 불렀다. 평소처럼 수현이와 이야기하며 함께 교실에 가고 싶었다. 하지만 수현이는 지윤이를 힐끗 쳐다보더니 아무 말 없이 그대로 걸어갔다. 지윤이는 당황했지만 다시 한 번 소리쳤다.

"수현아!"

이번에는 뛰어가면서 수현이 쪽으로 가까이 다가갔다. 하지만 수현이는 여전히 대답하지 않았다.

"수현아, 너 왜 그래? 나한테 화났니?"

지윤이는 수현이 옆으로 다가가 물었다. 그제야 수현이가 걸음을 멈추고 지윤이를 바라보며 대답했다.

"그래! 너도 어제 내가 불렀는데 대답도 안 하고 그냥 가 버렸잖아!"

수현이의 말에 지윤이는 깜짝 놀랐다.

"어제? 어제 내가 그랬다고?"

지윤이는 고개를 갸우뚱하며 생각했다. 하지만 도무지 기억이 떠오르지 않았다.

"아냐! 거짓말하지 마! 난 그런 적 없어!"

지윤이는 억울하다는 표정으로 수현이를 쏘아보았다.

이해하기 10

» 내가 찾은 핵심어는

입니다.

(노력: 1, 우수: 2, 최우수: 3)

» 위의 핵심어를 사용하여 글을 요약하세요.

(노력: 1, 우수: 2, 최우수: 3)

» 앞의 등장인물 중에서 오해한 사람이 있나요, 없나요?

(노력: 1, 우수: 2, 최우수: 3)

» 말이나 행동을 예쁘게 하면 상대도 좋게 반응한다는 의미의 속담으로, 사소한 오해에서 비롯된 갈등을 서로의 말 한마디로 더 키워 버린 지윤이와 수현이의 상황에 어울리는 말은 다음 중 어느 것인가요? (　　)

① 가는 말이 고와야 오는 말이 곱다　　② 아니 땐 굴뚝에 연기 날까

③ 낮말은 새가 듣고 밤말은 쥐가 듣는다　　④ 소 잃고 외양간 고친다

» (　　　)는 친구한테 말을 했을 때, 친구가 무시하고 아는 체를 하지 않으면 어떻게 하나요?

(노력: 1, 우수: 2, 최우수: 3)

총점:

이해하기 11

교육 활동 영역

• 또래 관계

성재는 친구들로부터 따돌림을 당하고 있으며, 종혁이를 비롯한 일부 아이들이 공개적으로 성재를 놀리고 배척합니다. 친구 사이의 공정한 관계 형성과 편견 없는 태도의 중요성이 드러납니다.

• 공감 능력

세영이는 순간적으로 성재의 진심을 느끼고 '고마워'라고 말하려 하지만 또래의 시선이 신경 쓰여 완전히 드러내지 못합니다. 하지만 진심에 반응하려는 세영이의 내면이 공감 능력의 발달을 보여 줍니다.

• 정서 조절

세영이는 당황스러움, 부끄러움, 고마움 등 복합적인 감정을 느끼며 이를 조심스럽게 다룹니다. 감정의 인식과 조절, 그리고 표현의 방식에 어려움을 겪는 모습이 드러납니다.

• 도덕성

세영이는 또래 친구들이 성재를 따돌리는 분위기 속에서도 성재의 선행을 무시하지 않고 '고마워'라는 말을 작게나마 전합니다. 모두가 외면하거나 무시할 때, 소극적이지만 올바른 행동을 하려는 태도는 양심과 도덕적 판단의 씨앗이 될 수 있습니다.

숨은 뜻 찾기

✕ 기본 언어 학습

▶ 따돌리다: 어떤 사람을 무리에서 소외시키고 멀리하는 것

▶ 화끈거리다: 얼굴이나 몸의 일부가 부끄럽거나 창피해서 갑자기 뜨거워지는 느낌이 드는 것

▶ 빼듯이: 마치 빼앗는 것처럼 서둘러 급하게 행동하는 모양

관용어

▶ 눈 밖에 나다: 좋지 않은 인상을 주어 신뢰를 잃거나 미움을 받게 되는 것을 뜻한다. 성재가 숙제를 하지 않고 냄새가 난다는 이유로 친구들 사이에서 눈 밖에 난 상태다.

▶ 속으로 삼키다: 마음속 감정을 겉으로 드러내지 않고 참는 태도로, 세영이가 고맙다는 말을 속삭이며 부끄러움을 억누르는 장면과 연결된다.

▶ 미운털이 박히다: 남에게 밉게 보이거나 미움을 받게 되다. 성재가 다른 아이들과 다르다는 이유(냄새, 준비물 등)로 친구들에게 배척당하고 미움을 받는 상황에 어울린다.

생각을 여는 지도 Tip

외모나 생활 태도 때문에 친구에게 따돌림을 받는 상황을 함께 이야기해 보세요. 세영이의 복잡한 마음과 성재의 따뜻한 행동을 중심으로, 친구의 입장을 헤아리고 차이를 인정하는 일이 왜 중요한지 생각해 볼 수 있습니다. 또래의 시선이 부담스러워도 바른 선택을 하는 용기에 대해서도 나누어 보세요.

그림 이해하기

그림을 보고 말해요

- 무엇을 건네주고 있나요?
- 어떤 상황일 것 같나요?
- 지갑을 주는 사람은 어떤 마음일까요?
- 지갑을 받는 사람은 어떤 기분일까요?

이해하기 11

교육 활동 영역: 또래 관계, 공감 능력, 정서 조절, 도덕성

년 월 일 요일 이름: ____________

제목: ______________________

"어휴, 이게 무슨 냄새야? 에잇 저리가!"

종혁이가 성재를 밀쳤다. 그러나 다른 아이들은 보고만 있었다. 뿐만 아니라 오히려 종혁이와 같이 성재를 놀리거나 따돌렸다. 성재는 학교에 거의 매일 같은 옷만 입고 오고 몸에서 이상한 냄새도 났다. 숙제도 잘 해 오지 않았고 준비물도 자주 빠뜨렸다. 그런데도 이상하게 선생님은 성재를 혼내지 않았다. 다른 아이들이 숙제를 해 오지 않거나 준비물을 챙겨 오지 않으면 혼이 났었다. 그래서 아이들은 성재를 더 미워했다.

지난 금요일, 세영이는 수업을 마치고 교실을 막 나서려는데 뒤에서 성재의 목소리가 들렸다.

"세영아! 이거."

뒤를 돌아보니 성재가 세영이의 필통을 들고 있었다. 깜박 잊고 책상 위에 두고 나온 거였다. 순간 다른 아이들이 쳐다보는 게 느껴져 얼굴이 화끈거렸다. 세영이는 성재의 손에서 필통을 뺏듯이 받아서 가방에 넣었다. 그리고 성재를 향해 들릴듯 말듯 "고마워."라고 말하고는 얼른 뒤돌아서 뛰어갔다.

이해하기 11

>> 내가 찾은 핵심어는

입니다.

(노력: 1, 우수: 2, 최우수: 3)

>> 위의 핵심어를 사용하여 글을 요약하세요.

(노력: 1, 우수: 2, 최우수: 3)

>> 선생님은 숙제도 안 해 오고 준비물도 안 가져오는 성재를 왜 혼내지 않았을까요? (   )

① 성재에게 관심이 없어서
② 성재가 숙제나 준비물을 못 챙길 상황이라서
③ 숙제나 준비물을 챙겨 줄 가족이 없다는 것을 아셔서
④ 기타: ______________________________

(노력: 1, 우수: 2, 최우수: 3)

>> 하고 싶은 말이나 감정을 겉으로 드러내지 못하고 마음속에만 담아 두는 상황을 표현한 관용어로, 고마운 마음을 말로 다 표현하지 못하고 조용히 "고마워."라고 말한 뒤 도망치듯 돌아선 세영이의 모습에 어울리는 말은 다음 중 어느 것인가요? (   )

① 눈에 넣어도 아프지 않다
② 손을 놓다
③ 귀가 간지럽다
④ 속으로 삼키다

>> (   )는 따돌림 당하는 친구가 있다면 어떻게 하고 싶은가요?

(노력: 1, 우수: 2, 최우수: 3)

총점:

이해하기 12

교육 활동 영역

• 자아 존중감

경험을 통해 예린이는 외적인 칭찬보다는 자신의 편안함과 감정을 존중하는 태도를 배우며, 스스로를 더 깊이 이해하고 존중하게 됩니다.

• 문제 해결

예린이는 스스로 편안한 옷을 선택합니다. 자신의 실수나 불편했던 경험을 통해 대안을 스스로 찾아내고 더 나은 결정을 내리는 모습에서 문제 해결 능력이 잘 드러납니다.

• 자기 조절 능력

예린이는 상황을 반성하고 더 나은 선택을 하며 감정과 행동을 조절하는 모습을 보여줍니다.

• 정서 조절

원피스를 입은 상태에서의 긴장감, 불편함, 그리고 이후 느꼈던 후회와 수용의 감정을 차분히 표현합니다. 감정을 인식하고 적절하게 대응하는 태도는 정서 조절 능력의 좋은 예시입니다.

숨은 뜻 찾기

✕ 기본 언어 학습

▶ 시선: 바라보는 눈길이나 시각

표현 익히기

- 다른 사람들 눈에 예뻐 보이는 것도 좋지만, 네가 편한 게 더 중요한 거란다: 외적인 평가보다 자기 만족과 편안함이 더 중요하다는 가치를 알려 줄 때 쓰는 표현이다. '~도 좋지만'은 비교 속에서 균형을 제시할 때 쓰고, '~거란다'는 조언하거나 가르칠 때 사용하는 말이다.

관용어

- 시선을 한 몸에 받다: 여러 사람의 주목을 동시에 받게 되다. 예린이가 예쁜 원피스를 입고 학교에 갔을 때 친구들의 관심을 한꺼번에 받은 상황을 나타내는 표현이다.
- 몸을 사리다: 행동이나 움직임을 조심하거나 제한하는 태도로, 예린이가 원피스를 더럽히지 않으려 움직임을 조심하는 모습과 연결된다.

생각을 여는 지도 Tip

외모나 옷차림에 대해 다른 사람들의 평가보다도 자기 스스로가 만족스러운 선택을 하는 것이 왜 중요한지에 대해 이야기해 보세요. 자아 존중감을 기르는 데 도움이 됩니다.

그림 이해하기

그림을 보고 말해요

- 어떤 옷들이 보이나요?
- 이 옷들 중에 여름에 입기 좋은 옷은 무엇인가요?
- 겨울에 입을 수 있는 옷은 어떤 것이 있나요?
- 잠잘 때 입는 옷은 어떤 것 같나요?

이해하기 12

교육 활동 영역: 자아 존중감, 문제 해결, 자기 조절 능력, 정서 조절

년 월 일 요일 이름: ____________

제목:

"엄마, 나 오늘 이거 입고 갈래."

예린이가 고른 옷은 지난 토요일 이모 결혼식 때 입었던 주황색 원피스였다. 그날 친척들이 예린이를 보고 예쁘다고 칭찬을 많이 해 주었다. 엄마는 "오늘 체육 들었잖아, 체육복 입고 가야지."라고 했지만, 예린이는 끝까지 고집을 부렸다.

학교에 간 예린이는 교실에 들어서자마자 친구들의 시선을 한 몸에 받았다.

"우와, 예린아! 원피스 진짜 예쁘다!"

친구들의 칭찬에 예린이는 기분이 좋았다. 하지만 시간이 지날수록 원피스는 점점 불편하게 느껴졌다. 치마에 뭔가 묻을까 봐, 혹은 구겨질까 봐 계속 신경이 쓰였다. 특히 체육 시간에는 원피스가 걸리적거려서 뛰기도 힘들었다. 집에 돌아온 예린이는 옷을 벗으며 한숨을 쉬었다.

"엄마, 친구들이 예쁘다고 하긴 했는데…… 하루 종일 불편했어요."

엄마는 예린이가 원피스를 벗는 것을 도와주며 말했다.

"예린아, 다른 사람들 눈에 예뻐 보이는 것도 좋지만, 네가 편한 게 더 중요한 거란다."

예린이는 엄마의 말을 듣고 고개를 끄덕였다.

다음 날, 예린이는 편한 옷을 입고 학교에 갔다. 그래서 친구들과 신나게 놀며 하루 종일 편안하고 즐거운 시간을 보냈다.

이해하기 12

» 내가 찾은 핵심어는

입니다.

(노력: 1, 우수: 2, 최우수: 3)

» 위의 핵심어를 사용하여 글을 요약하세요.

(노력: 1, 우수: 2, 최우수: 3)

» 예린이는 왜 원피스를 입고 학교에 갔나요? (　)

① 이모 결혼식에서 예쁘다고 칭찬을 많이 들어서

② 입을 만한 다른 옷이 없어서

③ 예쁜 원피스를 친구들에게 자랑하고 싶어서

④ 기타: ______________________

(노력: 1, 우수: 2, 최우수: 3)

» 무엇인가를 하면서도 다치거나 잘못될까 봐 조심하고 움츠러드는 태도를 표현한 관용어로, 원피스가 구겨지거나 더럽혀질까 봐 하루 종일 조심조심 행동한 예린이의 모습에 어울리는 말은 다음 중 어느 것인가요? (　)

① 고개를 들다　② 눈이 높다　③ 입이 무겁다　④ 몸을 사리다

» (　　)는 평소에 어떤 옷을 입는지 동그라미 해 보세요.

단정한 옷, 예쁜 옷, 날씨에 맞는 옷, 편한 옷, 멋진 옷, 세련된 옷

(노력: 1, 우수: 2, 최우수: 3)

총점:

이해하기 13

교육 활동 영역

• 또래 관계

민서는 지아와 친밀한 친구 관계를 맺으며 학교생활에 적응해 왔지만, 지아가 결석하자 일상적인 활동에서 큰 불편함을 느끼게 됩니다. 이는 또래 관계의 중요성과 더불어, 특정 친구에 대한 의존이 클 때 생길 수 있는 어려움을 보여 줍니다.

• 자아 존중감

혼자 활동할 때의 불편함과 위축된 모습은 민서의 자신감 부족을 드러냅니다. 지아가 없으면 스스로 할 수 없다고 느끼는 민서의 모습은 자아 존중감이 아직 충분히 형성되지 않았다는 신호입니다. 스스로를 믿고 혼자서도 생활할 수 있는 자신감을 키우는 것이 필요합니다.

• 정서 조절

민서는 지아의 부재로 인한 낯설고 불편한 감정을 잘 표현하지 못한 채 속으로 삼키고, 급식도 제대로 먹지 못하고 화장실도 참습니다. 이런 상황은 불안, 외로움, 당황 같은 감정을 조절하고 표현하는 능력이 아직 미성숙하다는 것을 보여 줍니다.

• 자기 조절 능력

친구가 없을 때도 스스로 할 일을 하고, 필요한 행동을 결정해야 하는 상황에서 민서는 여러 활동을 주저하거나 포기합니다. 타인에 의존하지 않고 자신의 생활을 조절하고 계획할 수 있는 자기 조절 능력을 키우는 것이 중요합니다.

숨은 뜻 찾기

기본 언어 학습

- 자연스럽다: 어색하거나 부자연스럽지 않고 편안하고 익숙한 모습
- 목에 잘 넘어가지 않다: 긴장하거나 걱정이 있을 때 음식을 삼키기 힘든 상태를 표현하는 것

관용어

- 눈앞이 캄캄하다: 갑작스러운 일이나 충격으로 어떻게 해야 할지 막막한 상태를 나타낸다. 지아가 며칠 동안 학교에 나오지 않는다는 말을 듣는 순간, 민서는 눈앞이 캄캄해지며 하루를 어떻게 보내야 할지 막막함을 느낀다.

생각을 여는 지도 Tip

친한 친구가 잠시 곁에 없을 때 느끼는 불안한 마음에 대해 이야기해 보세요. 민서처럼 특정 친구에게 의지하던 아이가 혼자 남겨졌을 때의 감정을 떠올리며, 또래 관계에서의 균형과 자립심에 대해서도 함께 생각해 볼 수 있습니다.

그림 이해하기

그림을 보고 말해요

- 이 사람은 누구일까요?
- 어디에 서 있는 것 같나요?
- 이 사람의 표정은 어떤가요?
- ○○가 선생님이라면 어떤 말을 먼저 하고 싶나요?

이해하기 13

교육 활동 영역: 또래 관계, 자아 존중감, 정서 조절, 자기 조절 능력

년 월 일 요일 이름: ____________

제목: ________________________________

민서는 초등학교에 입학한 이후 줄곧 친한 친구가 없었다. 3학년이 되어서야 사귄 친구가 지아였다. 지아 엄마와 민서 엄마가 친구여서 자연스럽게 지아와 친구가 된 것이다. 지아는 밝고 친절했다. 민서는 그런 지아를 졸졸 따라다녔다. 급식 시간에는 항상 지아 옆에 앉았고, 화장실도 같이 갔고, 체육 시간에는 자연스럽게 짝이 되었다. 모둠 활동에서도 지아는 민서를 잘 도와주었다.

어느 날, 조회 시간에 선생님이 말했다.

"지아는 독감에 걸려서 며칠 동안 결석할 거예요."

민서는 깜짝 놀라며 지아의 빈 자리를 바라보았다.

'지아 없이 어떻게 하루를 보내지?'

민서는 급식 시간이 되어 혼자 식판을 들고 자리로 갔다. 하지만 혼자 밥을 먹게 되자 밥이 목에 잘 넘어가지 않았다. 쉬는 시간에는 화장실에 가고 싶었지만, 혼자 가는 게 싫어서 그냥 참았다. 좋아하는 체육 시간조차 재미가 없었다. 지아가 없는 하루는 민서에게 낯설고 외로웠다.

이해하기 13

» 내가 찾은 핵심어는

입니다.

(노력: 1, 우수: 2, 최우수: 3)

» 위의 핵심어를 사용하여 글을 요약하세요.

(노력: 1, 우수: 2, 최우수: 3)

» 당황스럽거나 막막한 일을 겪었을 때 어찌할 바를 몰라 답답한 마음이 드는 상황을 표현한 관용어로, 지아가 결석한 뒤 혼자 학교생활을 하게 된 민서의 어색하고 힘든 하루에 어울리는 말은 다음 중 어느 것인가요? (　　)

① 머리를 식히다　② 발 벗고 나서다　③ 손을 놓다　④ 눈앞이 캄캄하다

» 민서는 왜 혼자 화장실에 가기가 싫었을까요?

(노력: 1, 우수: 2, 최우수: 3)

» (　　　)는 지아와 민서처럼 친한 친구가 있나요?

(노력: 1, 우수: 2, 최우수: 3)

총점:

이해하기 14

교육 활동 영역

• 또래 관계

친구 관계를 조화롭게 유지하려는 지아의 고민은 또래 간 상호작용의 복잡성과 민감함을 보여 줍니다.

• 문제 해결

지아는 갈등을 회피하기보다 엄마에게 자신의 고민을 솔직하게 털어놓으며, 상황을 어떻게 풀어 나갈지 고민하는 모습을 보입니다. 문제를 인식하고 누군가의 도움을 요청하는 행동은 스스로 해결 방향을 찾기 위한 적극적인 첫걸음입니다.

• 의사소통

지아는 엄마에게 자신의 생각을 표현합니다. 솔직하게 자신의 입장을 전달하려는 모습은 효과적인 의사소통 능력의 발달을 보여 줍니다. 이후 민서와의 대화에서도 이 능력이 필요하게 될 것입니다.

• 정서 조절

타인을 배려하며 자신의 감정을 조절하는 지아의 모습은 한편으로는 성숙하지만, 감정 표현의 어려움 또한 드러납니다. 감정을 건강하게 표현하며 균형을 유지하는 방법이 필요합니다.

숨은 뜻 찾기

기본 언어 학습

▶ 내성적이다: 성격이 조용하고 쉽게 자기 마음을 드러내지 않는 것

▶ 대부분: 전체 중에서 거의 다 차지하거나 포함하는 것

속담

▶ 바늘 가는 데 실 간다: 바늘이 가는 곳에는 항상 실이 따라가듯이, 서로 떨어지지 않고 늘 함께 다니거나 긴밀하게 연결되어 있는 사람들의 관계를 비유적으로 이르는 말이다. 민서가 급식 시간에 항상 지아 옆에 앉고, 화장실도 같이 가고, 체육 시간에는 자연스럽게 짝이 되는 모습이 마치 바늘과 실처럼 보인다.

관용어

▶ 속을 털어놓다: 마음속에 담아 둔 고민이나 감정을 솔직히 말하는 것을 뜻한다. 지아가 엄마에게 자신의 갈등과 감정을 솔직하게 말하는 장면과 직접 연결된다.

생각을 여는 지도 Tip

친구를 도와주고 싶은 마음과 자신의 시간을 지키고 싶은 마음이 충돌할 때의 복잡한 감정을 함께 이야기해 보세요. 서로를 배려하면서도 나의 감정과 바람을 솔직하게 표현하는 방법에 대해 나눌 수 있습니다. 이를 통해 친구 관계에서의 균형과 감정 조절, 자기 표현의 중요성을 이해하는 데 도움이 됩니다.

그림 이해하기

그림을 보고 말해요

- 이 장면은 어디에서 벌어지고 있는 것 같나요?
- 아이는 어떤 감정을 느끼고 있는 것 같나요?
- 어른은 아이에게 어떤 말을 하고 있을까요?
- 슬프거나 속상할 때, ○○는 누구에게 이야기하나요?

이해하기 14

교육 활동 영역: 또래 관계, 문제 해결, 의사소통, 정서 조절

년 월 일 요일 이름: ____________

제목: ______________________________

지아는 성격이 밝고 친절해서 친구가 많았다.

어느 날, 민서의 엄마가 지아에게 부탁했다.

"민서는 내성적이어서 친구가 없어. 지아가 좀 챙겨 줄래?"

지아는 그 말을 듣고 민서와 친하게 지내기로 했다. 그런데 민서는 낯을 많이 가려서 다른 아이들과 잘 어울리지 못했다. 지아는 민서와 대부분의 시간을 보내야 했고, 다른 친구들과 어울릴 시간이 점점 줄어들었다. 지아는 답답함을 느꼈지만, 민서가 상처받을까 봐 쉽게 말하지 못했다.

어느 날, 지아는 독감에 걸려 학교에 가지 못했다. 집에서 쉬는 동안 지아는 엄마에게 고민을 털어놓았다.

"엄마, 나 민서랑 계속 같이 다녀야 해?"

"왜 그래? 무슨 일 있니?"

엄마는 깜짝 놀라서 물었다.

"민서가 나만 따라다녀서 다른 친구들과 놀기 어려워."

"다른 친구들과 놀 때 민서도 같이 끼워 주면 되잖아."

"다른 친구들이 민서랑 노는 걸 안 좋아해. 민서도 다른 아이들과는 어울리기 싫어하고."

지아의 말을 들은 엄마는 걱정스러운 표정을 지었다.

"그렇구나. 어쩌면 좋을까? 지아는 어떻게 하고 싶니?"

이해하기 14

≫ 내가 찾은 핵심어는

입니다.

(노력: 1, 우수: 2, 최우수: 3)

≫ 위의 핵심어를 사용하여 글을 요약하세요.

(노력: 1, 우수: 2, 최우수: 3)

≫ 항상 함께 다녀서 서로 떨어져 있는 일이 거의 없는 관계를 표현한 속담으로, 학교에서 늘 붙어 다니며 모든 시간을 함께 보낸 민서와 지아의 모습에 어울리는 말은 다음 중 어느 것인가요? (　　)

① 가는 날이 장날　　② 아니 땐 굴뚝에 연기 날까

③ 되로 주고 말로 받는다　　④ 바늘 가는 데 실 간다

≫ 지아는 민서와 친하게 지내면서 어떤 어려움을 느끼게 되었나요?

(노력: 1, 우수: 2, 최우수: 3)

≫ (　　　)가 지아의 엄마라면 지아에게 어떻게 말하고 싶은가요?

(노력: 1, 우수: 2, 최우수: 3)

총점:

이해하기 15

교육 활동 영역

• 또래 관계

승호와 근우의 싸움뿐만 아니라, 이를 둘러싼 지윤이와 효린이 사이에서도 또래 간 감정 다툼이 일어납니다. 친구 관계에서는 말 한마디로 갈등이 발생할 수 있습니다.

• 공감 능력

타인의 감정을 이해하고 공감하는 능력이 부족한 상황을 보여 주며, 이를 통해 공감이 왜 중요한지 배우는 과정을 담고 있습니다.

• 문제 해결

지윤이는 상황이 심각해지자 스스로 잘못된 방향으로 흘러가고 있음을 인지합니다. 이처럼 문제의 원인을 돌아보고 갈등을 인식하며 해결하려는 태도는 문제 해결의 시작점이 됩니다.

• 사회 규칙

친구를 놀리거나 비난하는 것이 관계에 어떤 영향을 미치는지 보여 줍니다. 사회적 규칙을 이해하지 못한 채 친구를 대하면 갈등이 생길 수 있습니다.

숨은 뜻 찾기

기본 언어 학습

▶ 엉키다: 서로 얽히거나 뒤섞여서 정리가 안 되는 상태가 되는 것

▶ 더듬거리다: 말을 매끄럽게 하지 못하고 머뭇거리며 끊어지는 것

▶ 금세: 아주 짧은 시간 안에 곧바로

표현 익히기

- 잘못 쓸 수도 있지, 너도 지난번에 '암닭'이라고 썼었잖아. 내가 그때 놀렸어야겠네?: 실수를 지적하며 상대의 비판이 지나쳤음을 지적하고 되돌려 주는 표현이다. '잘못 쓸 수도 있지'는 실수를 감싸는 말이고, '놀렸어야겠네?'는 상대의 행동을 되짚으며 간접적으로 반성하게 만드는 말이다.

속담

- 개구리 올챙이 적 생각 못 한다: 지난날의 어려움은 잊고, 지금 조금 나아졌다고 예전의 자신과 비슷한 남의 처지를 무시하거나 비웃는 태도를 이르는 말이다. 효린이는 자신도 글자를 잘못 쓴 적이 있으면서, 승호의 실수를 놀린 근우를 옹호하고 승호를 비난하며 같은 실수를 했음을 잊고 있다.

생각을 여는 지도 Tip

친구를 놀리거나 잘못을 지적할 때 상대가 받는 상처와 감정을 함께 이야기해 보세요. 효린이와 지윤이의 상황을 통해 친구 사이에 말 한마디가 어떤 영향을 줄 수 있는지 이해하고, 서로를 배려하는 말하기와 듣기의 중요성을 배우는 데 도움이 됩니다.

그림 이해하기

그림을 보고 말해요

- 이 장면은 어디에서 일어난 일인가요?
- 두 아이는 어떤 표정을 짓고 있나요?
- 두 아이는 왜 다투고 있는 것 같나요?
- ○○도 친구와 다퉈 본 적이 있나요?

이해하기 15

교육 활동 영역: 또래 관계, 공감 능력, 문제 해결, 사회 규칙

년 월 일 요일 이름: ____________

제목: ________________

"앗! 저기 좀 봐, 또 승호랑 근우가 싸워!"

효린이의 말에 뒤를 돌아보니 둘이 서로 엉켜 있었다.

"오늘은 왜 싸워?"

지윤이가 묻자 효린이가 대답했다.

"승호가 '업써요'라고 쓴 걸 근우가 놀렸대."

"친구를 놀리다니, 근우가 좀 심했네."

지윤이의 말에 효린이는 고개를 저었다.

"3학년이나 돼서 한글도 제대로 못 쓰면 놀림받아야지."

"잘못 쓸 수도 있지, 너도 지난번에 '암닭'이라고 썼었잖아. 내가 그때 놀렸어야겠네?"

"뭐?"

효린이의 눈에 금세 눈물이 맺혔다. 그때 선생님이 교실로 들어왔다. 승호와 근우의 싸움은 이미 끝나 있었고, 선생님은 울고 있는 효린이를 봤다.

"효린아, 왜 울어?"

선생님이 묻자 효린이는 훌쩍이며 대답했다.

"지윤이가 저번에 제가 글자 틀리게 썼다고 놀렸어요."

선생님은 지윤이에게도 물었다.

"네가 효린이 놀렸어?"

지윤이는 더듬거리며 대답했다.

"아, 아니에요. 저는 그냥 물어본 거였는데……."

대답을 하면서 지윤이는 뭔가 잘못되어 간다는 생각이 들었다.

이해하기 15

» 내가 찾은 핵심어는

입니다.

(노력: 1, 우수: 2, 최우수: 3)

» 위의 핵심어를 사용하여 글을 요약하세요.

(노력: 1, 우수: 2, 최우수: 3)

» 자신도 예전에 실수하거나 부족했던 적이 있으면서, 지금은 그 사실을 잊고 다른 사람을 나무라는 태도를 표현한 속담으로, 예전에 틀린 적이 있는 효린이가 친구의 맞춤법을 놀린 상황에 어울리는 말은 다음 중 어느 것인가요? (　)

① 아 다르고 어 다르다　② 말 한마디에 천 냥 빚도 갚는다

③ 윗물이 맑아야 아랫물이 맑다　④ 개구리 올챙이 적 생각 못 한다

» 글의 마지막 부분에서 지윤이가 '뭔가 잘못되어 간다'라고 생각한 이유에 대해 설명해 보세요.

(노력: 1, 우수: 2, 최우수: 3)

» (　　)는 한글 맞춤법이 틀리는 친구를 보면 어떤 생각이 드나요?

(노력: 1, 우수: 2, 최우수: 3)

총점:

이해하기 16

교육 활동 영역

• 기본 생활 습관

손 씻기, 숙제하기, 놀이 시간 조절 등 일상생활에서 필요한 기본적인 습관을 지호는 지키지 않습니다. 아이가 올바른 습관을 갖추도록 일관된 지도가 필요함을 보여 주는 장면입니다.

• 가족 관계

지호의 행동으로 인해 부모 사이에 갈등이 생기고, 그 긴장이 다시 지호에게 영향을 줍니다. 아이와 부모 간의 신뢰와 소통, 부모 간 협력도 가족 관계에서 중요한 요소로 드러납니다.

• 자기 조절 능력

지호는 감정이나 욕구에 따라 즉흥적으로 행동하며, 숙제보다 게임이나 아이스크림에 집중합니다. 자신의 행동을 조절하고 해야 할 일을 먼저 수행하는 습관은 자기 조절 능력의 핵심입니다.

• 정서 조절

부모는 서로 감정을 조절하지 못한 채 언성을 높이고, 지호 역시 엄마의 말에 반응하기보다 회피하거나 무시하는 태도를 보입니다. 가족 구성원 모두가 감정을 차분히 조절하고 적절히 표현하는 연습이 필요합니다.

숨은 뜻 찾기

기본 언어 학습

▶ 언성을 높이다: 화가 나거나 감정이 격해져서 목소리를 높이는 것

▶ 짜증 섞인 목소리: 화나거나 불쾌한 감정이 섞인 말투

표현 익히기

▶ 지호가 내 말은 들어먹질 않는데 어쩌란 말이에요: 말을 듣지 않는 지호에 대한 답답함을 표현이다. '들어먹질 않는다'는 상대가 말한 내용을 무시하거나 따르지 않는다는 뜻이고, '어쩌란 말이에요'는 상황에 대한 난처함이나 하소연을 드러낸다.

속담

▶ 쇠귀에 경 읽기: 아무리 가르치고 일러 주어도 받아들이지 않는 사람에게 자꾸 말해 봐야 아무 소용이 없다는 뜻이다. 엄마가 "손 씻고 와서 먹어!" "지호야, 숙제 먼저 해." 하고 말해도 지호가 자기 하고 싶은 대로 아이스크림 먹고 게임기를 꺼내는 모습이다.

생각을 여는 지도 Tip

엄마의 지시에 따르지 않았을 때 생기는 갈등을 생각해 보며, 일상 속에서의 기본 생활 습관과 책임감에 대해 이야기해 보세요. 또한 스스로 할 일의 우선순위를 정하는 습관은 책임감과 자기 조절력을 기르는 데 도움이 됩니다.

그림 이해하기

그림을 보고 말해요

- 이 사람은 무엇을 하고 있나요?
- 옆에 있는 동물은 어떤 표정을 하고 있나요?
- 왜 이런 상황을 '쇠귀에 경 읽기'라고 표현했을까요?
- 누군가에게 열심히 설명했지만 잘 안 통했던 경험이 있나요?

이해하기 16

교육 활동 영역: 기본 생활 습관, 가족 관계, 자기 조절 능력, 정서 조절

년 월 일 요일 이름: ___________

제목:

"엄마, 아이스크림!"

지호는 학교에서 돌아오자마자 가방을 바닥에 던지고 주방으로 갔다.

"손 씻고 와서 먹어!"

엄마가 설거지를 하며 말했다. 하지만 지호는 손도 씻지 않고 아이스크림을 먹으며 소파에 앉아 텔레비전을 켰다. 잠시 후 엄마가 타일렀다.

"지호야, 숙제 먼저 해야지."

하지만 지호는 대답도 하지 않고 게임기를 꺼냈다. 저녁에 퇴근한 아빠는 소파에서 게임을 하고 있는 지호를 보았다.

"지호야, 지금 뭐 하는 거야?"

지호는 아무 말도 하지 않았다.

"숙제는 다 하고 노는 거야?"

아빠가 화난 목소리로 묻자, 지호는 조용히 고개를 저었다. 아빠는 주방으로 가서 엄마에게 언성을 높였다.

"당신은 지호가 게임만 하고 있는 것도 몰라?"

그러자 엄마도 짜증 섞인 목소리로 말했다.

"지호가 내 말은 들어먹질 않는데 어쩌란 말이에요."

지호는 조용히 책상 앞에 앉아 책을 펼쳤다.

이해하기 16

» 내가 찾은 핵심어는

입니다.

(노력: 1, 우수: 2, 최우수: 3)

» 위의 핵심어를 사용하여 글을 요약하세요.

(노력: 1, 우수: 2, 최우수: 3)

» 아무리 말해도 듣지 않고 무시하는 사람에게 말하는 것이 아무 소용없음을 표현한 속담으로, 엄마의 말에도 지호가 계속 자기 마음대로 행동한 모습에 어울리는 말은 다음 중 어느 것인가요? (　　)

① 도둑이 제 발 저리다　② 가는 날이 장날

③ 아니 땐 굴뚝에 연기 날까　④ 쇠귀에 경 읽기

» 이제 어떤 상황이 벌어질까요?

(노력: 1, 우수: 2, 최우수: 3)

» (　　　)는 엄마나 아빠가 화를 내시면 어떻게 하나요?

(노력: 1, 우수: 2, 최우수: 3)

총점:

이해하기 17

교육 활동 영역

• 가족 관계

형과 동생, 그리고 엄마의 상호작용을 통해 가족 간의 애정, 실수, 갈등이 드러납니다. 실수에 대한 반응과 그에 대한 부모의 대응은 가족 내 정서적 안정감과 신뢰 형성에 큰 영향을 미칩니다.

• 문제 해결

형은 실수한 뒤 사과하고 해결 방법을 제시하지만, 석정이는 감정이 앞서 받아들이지 못합니다. 문제를 인식하고 사과하거나 대안을 제시하는 과정이 중요하며, 이를 받아들이는 연습 또한 필요합니다.

• 정서 조절

석정이는 감정을 폭발시키며 울고, 형의 제안을 받아들이지 못하는 모습을 보입니다. 화가 날 때 감정을 적절히 표현하고 진정하는 방법을 배우는 것이 중요합니다.

• 공감 능력

형은 도와주려다 실수했지만, 석정이와 엄마는 형의 입장을 고려하지 않고 화를 냅니다. 실수가 고의가 아님을 이해하고 서로의 감정을 존중하는 태도는 공감 능력을 키우는 데 중요한 요소입니다.

숨은 뜻 찾기

× 기본 언어 학습

▶ 빽빽하다: 무엇을 끼울 때 잘 들어가지 않거나 움직임이 부드럽지 않은 상태

▶ 본드: 떨어진 물건을 붙이는 데 사용하는 끈적끈적한 접착제

표현 익히기

▶ 넌 왜 장난감을 부서뜨려서 동생을 울리니?: '장난감을 부서뜨려서'는 행동을 지적하는 말이고, '동생을 울리니'는 그로 인한 결과를 나타낸다. '넌 왜 ~해서 ~하니'라는 표현은 상대방의 잘못된 행동이나 결과에 대해 따지고 비판하는 표현이다.

속담

▶ 애매한 두꺼비 돌에 치였다: 잘못이 없음에도 억울하게 벌을 받거나 꾸중을 듣는 상황을 나타내는 표현으로, 형은 장난감을 고쳐 주려다 실수했는데 석정이의 울음과 엄마의 꾸중으로 억울한 상황에 놓이게 된다.

생각을 여는 지도 Tip

형이 동생을 도우려다 실수로 장난감 자동차를 부서뜨린 상황에 대해 이야기해 보세요. 선의의 행동이 때로는 예상치 못한 결과를 가져올 수 있음을 이해하고, 실수에 대한 책임감과 함께 상황에 대한 원인이나 이유 등을 논리적으로 설명하는 능력의 중요성을 알 수 있습니다.

그림 이해하기

그림을 보고 말해요

- 이 아이는 어떤 표정을 짓고 있나요?
- 주변 풍경은 어떤가요?
- 왜 사막이나 험한 곳에 있는 장면일까요?
- ○○도 점점 더 어려워지는 일을 겪어 본 적이 있나요?

이해하기 17

교육 활동 영역: 가족 관계, 문제 해결, 정서 조절, 공감 능력

년 월 일 요일 이름: ____________

제목: ________________________________

석정이는 장난감 자동차를 가지고 놀고 있었다. 그런데 바퀴가 빠지고 말았다. 석정이는 바퀴를 다시 끼우려 했지만, 쉽게 들어가지 않았다. 그때 형이 방에 들어왔다. 석정이는 장난감 자동차와 빠진 바퀴를 형에게 내밀었다.

"형, 이거 빠졌어. 좀 끼워 줘."

형은 미소 지으며 대답했다.

"그래, 이리 줘 봐."

하지만 바퀴를 끼우려 해도 바퀴는 뻑뻑해서 잘 들어가지 않았다. 형은 힘을 주어 바퀴를 끼우려다 장난감 자동차의 문을 부서뜨리고 말았다.

"석정아, 미안해. 문이 조금 부러졌는데 내가 본드로 붙여 줄게."

석정이는 자동차를 보자, 큰소리로 울기 시작했다.

"이게 뭐야! 몰라, 몰라! 물어내! 어서 물어내!"

석정이의 울음소리를 듣고 엄마가 방으로 들어왔다. 석정이는 엄마에게 울먹이며 말했다.

"엄마, 형이 내 자동차 부서뜨렸어! 으앙!"

엄마는 형을 보며 화난 목소리로 다그쳤다.

"넌 왜 장난감을 부서뜨려서 동생을 울리니?"

이해하기 17

» 내가 찾은 핵심어는

입니다.

(노력: 1, 우수: 2, 최우수: 3)

» 위의 핵심어를 사용하여 글을 요약하세요.

(노력: 1, 우수: 2, 최우수: 3)

» 잘못한 것이 없거나 도와주려 했을 뿐인데도 오히려 억울하게 나무람을 받는 상황을 표현한 속담으로, 석정이의 장난감을 고쳐 주려다 부서뜨리고 엄마에게 혼이 난 형의 모습에 어울리는 말은 다음 중 어느 것인가요? (   )

① 소 잃고 외양간 고친다
② 도둑이 제 발 저리다
③ 배보다 배꼽이 더 크다
④ 애매한 두꺼비 돌에 치였다

» 이제 어떤 상황이 벌어질까요?

(노력: 1, 우수: 2, 최우수: 3)

» (   )는 엄마나 아빠가 화를 내시면 어떻게 하나요?

(노력: 1, 우수: 2, 최우수: 3)

총점:

이해하기 18

교육 활동 영역

• 또래 관계

친구들 사이의 반응이 누군가에게 상처가 될 수 있다는 것을 인식하는 것이 중요합니다. 관계 속에서 서로의 다름을 존중하는 태도도 필요합니다.

• 자아 존중감

혜린이는 친구를 보며 자신도 예쁘게 보이고 싶어 했지만 결국 친구들의 놀림으로 인해 자존감에 큰 상처를 입습니다. 자기 외모나 개성에 대해 긍정적으로 받아들이고 존중하는 마음이 필요합니다.

• 정서 조절

놀림을 받은 혜린이는 감정을 억누르며 눈물이 날 것 같은 상황을 참아 냅니다. 감정을 건강하게 표현하고 다루는 연습이 필요합니다.

• 공감 능력

재성이와 다른 아이들은 혜린이의 기분을 고려하지 않고 외모를 놀리며 웃습니다. 타인의 감정에 대해 민감하게 반응할 수 있도록 교육이 필요합니다.

숨은 뜻 찾기

기본 언어 학습

▶ 가지런히: 어지럽지 않고 고르게 정리되어 있는 모양

▶ 팥쥐: 동화 〈콩쥐팥쥐〉에 나오는 등장인물로, 심술궂고 욕심 많은 사람을 비유적으로 이르는 말

표현 익히기

▶ 혜린아, 네 눈이 팥쥐 눈 같아!: '팥쥐 눈 같아'는 눈꼬리가 올라가 표정이 사납거나 얄밉게 보인다는 인상을 표현하는 말이다. '네 눈이 ~같아'는 외모나 표정을 다른 대상에 빗대어 표현하는 말투다.

속담

▶ 뱁새가 황새 따라가면 가랑이가 찢어진다: 자기 능력이나 형편을 생각하지 않고 남을 무리하게 따라 하다가는 오히려 큰 낭패를 본다는 뜻이다. 혜린이는 머리가 짧은데도 지연이를 따라 억지로 머리를 묶었다가 친구들에게 놀림을 당하고 창피를 겪는 낭패를 보았다.

생각을 여는 지도 Tip

혜린이가 짧은 머리인데도 지연이처럼 머리를 묶고 싶었던 마음과 머리를 묶고 학교에 갔을 때 친구들의 놀림을 받고 느낀 창피함과 속상함에 대해서 이야기해 보세요. 서로 다른 상황에서 무조건 따라 하려는 태도는 때로 어려움과 상처를 만들 수 있음을 알고, 자신의 상황에 맞게 선택하는 태도를 기르는 데 도움이 됩니다.

그림 이해하기

그림을 보고 말해요

- 두 아이는 어떤 사이일 것 같나요?
- 혜린이는 어떤 표정을 짓고 있나요?
- 혜린이는 지연이의 어떤 점이 부러운 걸까요?
- ○○는 누군가를 부러워해 본 적이 있나요?

이해하기 18

교육 활동 영역: 또래 관계, 자아 존중감, 정서 조절, 공감 능력

년 월 일 요일 이름: ____________

제목: ______________________________

혜린이와 같은 반 친구 지연이는 머리가 길다. 지연이는 머리를 동그랗게 말아 올림머리를 하기도 하고, 어떤 날은 두 갈래로 땋아 오기도 했다. 그중에서 뒤로 가지런히 묶은 머리가 가장 예뻤다.

월요일 아침, 혜린이가 언니의 리본을 가져와 엄마에게 머리를 묶어 달라고 했다.

"네 머리는 짧아서 안 돼. 묶고 싶으면 좀 더 길러서 묶어."

엄마의 말에 혜린이는 울음을 터뜨렸다. 그리고 엄마에게 소리쳤다.

"묶어 줘. 그냥 묶어 달라고!"

엄마는 한숨을 쉬며 리본과 빗을 들고 혜린이의 머리를 묶어 주었다. 머리카락이 당겨져서 아팠지만, 혜린이는 참고 가만히 있었다. 드디어 머리를 묶고 기분이 좋아 콧노래를 부르며 학교에 갔다. 하지만 교실에 들어서자 아이들이 혜린이를 보고 키득키득 웃기 시작했다. 재성이가 혜린이를 보더니 푸하하 웃으며 말했다.

"혜린아, 네 눈이 팥쥐 눈 같아!"

재성이는 손가락으로 양 눈꼬리를 잡고 위로 올렸다. 혜린이는 창피해서 눈물이 날 것 같았다.

이해하기 18

>> 내가 찾은 핵심어는

입니다.

(노력: 1, 우수: 2, 최우수: 3)

>> 위의 핵심어를 사용하여 글을 요약하세요.

(노력: 1, 우수: 2, 최우수: 3)

>> 자신의 형편이나 능력에 맞지 않게 남을 따라 하려다 오히려 손해를 보거나 곤란해지는 상황을 표현한 속담으로, 머리가 짧은데도 억지로 묶고 친구들 앞에서 놀림을 받은 혜린이의 모습에 어울리는 말은 다음 중 어느 것인가요? ( )

① 배보다 배꼽이 더 크다
② 가는 날이 장날
③ 말 한마디에 천 냥 빚도 갚는다
④ 망둥이가 뛰니 꼴뚜기도 뛴다

>> 혜린이는 왜 팥쥐 눈처럼 눈꼬리가 위로 올라갔나요?

(노력: 1, 우수: 2, 최우수: 3)

>> (   )는 어른이 안 된다고 하는 데도 조른 적이 있나요?

(노력: 1, 우수: 2, 최우수: 3)

총점:

이해하기 19

교육 활동 영역

• 자아 존중감

지연이는 자신의 긴 머리를 잘라 기부하는 결정을 내리며 스스로 뿌듯함을 느낍니다. 자신의 선택에 대한 긍정적인 감정을 가지는 것이 자아 존중감 형성에 도움을 줍니다.

• 공감 능력

타인을 생각하며, 다른 사람에게 긍정적인 영향을 주는 지연이의 행동에서 공감 능력이 자연스럽게 드러납니다.

• 가치 및 태도 형성

지연이가 자신의 머리카락을 자르며 누군가에게 도움을 줄 수 있다는 가치를 느끼고 기쁘게 받아들이는 모습은, 나눔 · 배려 · 선행 등의 긍정적인 삶의 태도를 자연스럽게 익히는 과정입니다. 이는 아이가 '좋은 행동'을 내면화해 가는 성장의 한 모습입니다.

• 문제 해결

지연이는 머리가 길어서 불편함을 겪는 상황 속에서 단순히 '싫다'고 불평하기보다, 긍정적 의미(기부, 스타일 변화 등)를 찾아내며 새로운 해결 방안을 선택합니다. 실생활에서 문제를 창의적이고 긍정적으로 해결해 나가는 좋은 예입니다.

숨은 뜻 찾기

기본 언어 학습

▶ 삐져나오다: 안에 있어야 할 것이 밖으로 조금 나오거나 튀어나온 상태

▶ 단발머리: 턱선 정도 길이로 짧게 자른 머리 모양

▶ 설레다: 기대나 기쁨으로 마음이 들떠 두근거리는 상태

표현 익히기

▶ 이제 잘라도 되겠다. 이 정도면 25센티미터 넘을 것 같아: 머리카락이 충분히 자라서 자를 수 있는 상황임을 말하는 표현이다. '이제 잘라도 되겠다'는 판단과 허용을 나타내고, '25센티미터 넘을 것 같아'는 길이에 대한 추측을 나타내는 말투다.

속담

▶ 뿌린 대로 거둔다: 노력하면 좋은 결과를 얻고, 나쁜 행동을 하면 나쁜 결과를 얻는다는 뜻이다. 지연이는 오랜 시간 머리를 길러 불편함을 감수했지만, 결국 누군가를 도울 수 있다는 기쁨과 보람을 얻게 되었다.

생각을 여는 지도 Tip

지연이가 긴 머리를 기르는 동안 겪었던 불편함과 고생에 대해 이야기해 보세요. 긴 머리가 불편했지만, 지연이는 소아암 환우들에게 머리카락을 기증하기 위해 애써 길렀다는 점에서 희생과 배려의 마음을 이해할 수 있습니다.

그림 이해하기

그림을 보고 말해요

- 이 아이는 어디에 있나요?
- 창밖에는 무엇이 보이나요?
- 아이는 어떤 표정을 짓고 있나요?
- 병원에 있을 때 가장 보고 싶은 사람은 누구일까요?

이해하기 19

교육 활동 영역: 자아 존중감, 공감 능력, 가치 및 태도 형성, 문제 해결

년 월 일 요일 이름: ____________

제목: ____________

"엄마, 여기 머리카락이 삐져나왔어. 다시 묶어 줘."

지연이는 거울을 보며 말했다.

"어휴, 아침마다 머리 때문에 시간을 다 보내다니……."

엄마는 지연이의 머리를 풀고 다시 묶기 시작했다. 지연이는 머리가 길어서 옷을 입고 벗을 때도 머리카락이 자꾸 걸렸다.

"아야! 엄마, 아파!"

단추에 걸려 머리카락 몇 개가 뽑혔다.

"이제 잘라도 되겠다. 이 정도면 25센티미터 넘을 것 같아."

엄마는 지연이의 머리를 보며 말했다.

"정말? 그럼 나도 이제 단발머리를 할 수 있어?"

지연이는 활짝 웃으며 되물었다.

"물론이지. 그동안 머리 기르느라 고생했어. 이번 주 토요일 미용실에 가서 단발머리로 자르자."

엄마의 말에 지연이는 거울 속 자신의 긴 머리를 다시 한 번 바라보았다. 곧 잘릴 머리카락이지만, 누군가에게 소중히 쓰일 것을 생각하니 설레는 마음이 들었다. 지연이는 거울을 보며 환하게 웃었다.

이해하기 19

» 내가 찾은 핵심어는

입니다.

(노력: 1, 우수: 2, 최우수: 3)

» 위의 핵심어를 사용하여 글을 요약하세요.

(노력: 1, 우수: 2, 최우수: 3)

» 지연이가 머리를 길렀던 가장 큰 이유는 무엇인가요? (   )

① 머리가 긴 게 예뻐 보여서

② 친구와 똑같이 긴 머리를 하고 싶어서

③ 소아암으로 머리카락이 없는 아이들에게 기증하기 위해서

④ 기타: ______________________

(노력: 1, 우수: 2, 최우수: 3)

» 힘과 정성을 들여 노력한 일은 반드시 좋은 결과를 얻게 됨을 표현한 속담으로, 긴 머리를 기르느라 불편함을 참아 가며 노력한 지연이가 이제 머리카락을 기증하며 보람을 느낀 모습에 어울리는 말은 다음 중 어느 것인가요? (   )

① 아니 땐 굴뚝에 연기 날까 ② 배보다 배꼽이 더 크다

③ 하늘이 무너져도 솟아날 구멍이 있다 ④ 공든 탑이 무너지랴

» (   )는 다른 사람을 위해 무엇인가를 했던 적이 있나요?

(노력: 1, 우수: 2, 최우수: 3)

총점:

이해하기 20

교육 활동 영역

• 또래 관계

선우는 효준이와의 놀이 약속을 중요하게 생각하고 다른 친구들의 제안도 거절할 만큼 그 관계를 우선시합니다. 하지만 효준이가 나타나지 않자 친구들과 놀 기회도 잃고 외로움을 느끼게 됩니다. 이 경험은 또래 관계의 유연함과 균형에 대한 배움으로 이어질 수 있습니다.

• 문제 해결

효준이가 오지 않는 상황에서 선우는 아무런 행동도 하지 않고 계속 기다리기만 합니다. 기다리면서 다른 선택(예: 혜린이와 잠시 시소 타기)을 하거나, 효준이에게 다시 연락하는 등의 적극적인 문제 해결 행동이 부족한 모습입니다.

• 정서 조절

선우는 불편한 감정을 건강하게 표현하고, 상황을 받아들이는 능력을 키우는 것이 필요합니다.

• 의사소통

선우는 다른 친구들이 말을 걸어도 거절만 합니다. 또 효준이와 연락하거나 '언제까지 기다릴게'와 같은 소통이 없었던 것도 아쉬운 부분입니다. 약속, 대기, 변경 상황에서의 의사소통은 사회적 관계에서 중요한 기술입니다.

숨은 뜻 찾기

기본 언어 학습

- 터덜터덜: 힘이 없거나 기운이 빠진 모습으로 느릿하게 걷는 모양
- 한참을: 꽤 오랫동안, 긴 시간 동안

표현 익히기

- 그래? 그럼 효준이 올 때까지 나랑 시소 탈래?: 친구를 기다리는 시간 동안 함께 보내자고 제안하는 표현이다. '그럼'은 앞말을 자연스럽게 이어 주는 말이고, '올 때까지'는 특정 시점까지를 뜻하는 시간 표현이며, '시소 탈래?'는 제안이나 권유를 나타낸다.

속담

- 나무만 보고 숲은 보지 못한다: 전체적인 상황을 보지 못하고 부분적인 것에만 집착하는 어리석음을 이르는 말이다. 선우는 효준이만을 기다리느라 주변 친구들과 놀 기회를 놓친다.

생각을 여는 지도 Tip

선우가 효준이만 기다리느라 다른 친구들과 어울리지 않고 혼자 남게 된 상황에 대해 이야기해 보세요. 친구와의 약속도 중요하지만, 상황을 유연하게 받아들이고 친구들과 즐겁게 어울리며 시간을 보내는 융통성의 중요함을 알 수 있습니다.

그림 이해하기

그림을 보고 말해요

- 이 두 친구는 어디에 있나요?
- 두 친구는 어떤 표정인가요?
- 무슨 이야기를 나누고 있을까요?
- 이 친구들은 어떤 사이일 것 같나요?

이해하기 20

교육 활동 영역: 또래 관계, 문제 해결, 정서 조절, 의사소통

년 월 일 요일 이름: ____________

제목:

"효준아, 안녕! 놀이터 안 갈래?"

놀이터로 가던 길에 선우는 효준이를 만났다.

"좋아! 그런데 난 학원 가방 집에 갖다 놓고 갈게."

"응, 얼른 와!"

선우는 효준이가 오면 같이 시소를 탈 생각에 시소에 앉아 효준이를 기다렸다. 한참을 기다리고 있는데 혜린이가 다가왔다.

"선우야, 거기 앉아서 뭐 해?"

"응, 효준이 기다려."

"그래? 그럼 효준이 올 때까지 나랑 시소 탈래?"

"안 돼! 효준이랑 탈 거야."

"알았어."

혜린이는 그네 쪽으로 달려갔다. 이번에는 다른 아이가 와서 선우에게 시소를 같이 타자고 했지만 선우는 또다시 고개를 저었다.

"아니, 효준이랑 타야 해."

그런데 한참을 기다려도 효준이는 오지 않았다. 그사이 놀이터에서 놀던 아이들이 하나둘 가 버렸다. 선우는 시소에 앉아 효준이를 기다리다가 결국 터덜터덜 집으로 돌아갔다.

이해하기 20

» 내가 찾은 핵심어는

입니다.

(노력: 1, 우수: 2, 최우수: 3)

» 위의 핵심어를 사용하여 글을 요약하세요.

(노력: 1, 우수: 2, 최우수: 3)

» 전체 상황을 살피지 못하고 한 가지만 고집하다가 더 넓은 기회를 놓치는 상황을 표현한 속담으로, 다른 친구들의 제안도 거절하고 효준이만 기다리다가 결국 혼자 돌아간 선우의 모습에 어울리는 말은 다음 중 어느 것인가요? (   )

① 친구 따라 강남 간다　　② 누워서 침 뱉기
③ 윗물이 맑아야 아랫물이 맑다　　④ 나무만 보고 숲은 보지 못한다

» 효준이는 왜 놀이터에 가지 못했을까요?

(노력: 1, 우수: 2, 최우수: 3)

» (   )는 약속 때문에 곤란했던 적이 있나요?

(노력: 1, 우수: 2, 최우수: 3)

총점:

이해하기 21

교육 활동 영역

• 또래 관계

선우와 효준은 친구 사이에서 발생할 수 있는 갈등을 경험합니다. 사소한 약속이 깨졌을 때, 상대방이 어떤 감정을 느낄지 이해하고 관계를 회복하는 방법을 배우는 과정입니다.

• 문제 해결

선우는 감정만 표현할 뿐 갈등을 해결하기 위한 건설적인 대화나 행동을 취하지 못합니다. 친구 간 오해를 푸는 과정, 사과와 용서를 주고받는 능력은 문제 해결의 중요한 부분입니다.

• 정서 조절

선우는 화가 난 상태에서 감정을 조절하지 못하고, 계속해서 효준을 '거짓말쟁이'라고 몰아붙였습니다. 효준은 자신의 실수를 깨닫고 사과했지만, 상대방이 받아들이지 않자 결국 포기하고 돌아갑니다. 선우가 감정을 조절하고 상대의 입장을 고려하며 대화했다면, 더 나은 해결책을 찾을 수 있었을 것입니다.

• 공감 능력

효준은 자신이 상황을 잊어버린 것이 선우에게 어떤 상처였는지 이해하고 미안함을 표현합니다. 반대로 선우는 효준의 사정이나 진심 어린 사과를 받아들이지 못해 갈등이 더 깊어집니다. 상대 입장에서 생각하는 공감이 부족한 상황입니다.

숨은 뜻 찾기

기본 언어 학습

- 까맣게 잊다: 어떤 일을 완전히 잊어버리고 전혀 기억하지 못하는 것
- 몰아세우다: 상대방을 강하게 몰아붙이며 비난하거나 다그치는 것
- 씁쓸하다: 마음이 언짢거나 서운해서 기분이 개운치 않은 상태
- 단단히: 매우 심하고 확실하게, 또는 마음이나 태도가 강하게 굳어진 모양

표현 익히기

- 선우야, 나중에 화가 좀 풀리면 그때 다시 얘기하자!: 감정이 진정된 후에 대화를 이어 가고 싶다는 뜻을 전하는 표현이다. '화가 좀 풀리면'은 감정 상태의 변화를 전제로 하고, '다시 얘기하자'는 대화 재개를 제안하는 말이다.

생각을 여는 지도 Tip

효준이가 상황을 솔직하게 설명하고 사과했음에도 선우가 계속 분노를 표현하는 모습에 대해 이야기해 보세요. 갈등 상황에서 감정을 조절하고 상대방의 말을 듣는 태도의 중요성을 알 수 있습니다.

그림 이해하기

그림을 보고 말해요

- 이 아이는 어디에 있나요?
- 어떤 감정을 느끼고 있나요?
- 왜 이렇게 화가 났을까요?
- 아이는 누구에게 화를 내고 있을까요?

이해하기 21

교육 활동 영역: 또래 관계, 문제 해결, 정서 조절, 공감 능력

년 월 일 요일 이름: ___________

제목: ________________

효준이가 교실에 들어섰을 때, 선우는 화가 잔뜩 나 있었다. 그제야 효준이는 어제의 일이 떠올랐다.

학원을 마치고 집에 오는 길에 선우를 만났었다. 선우는 놀이터에 가는 길이라고 했다. 선우가 같이 가자고 해서 집에 들렀다 가겠다고 했다. 그런데 집에 오니 사촌 형이 와 있었다. 효준이는 놀이터에 가기로 한 걸 까맣게 잊고 사촌 형과 재미있게 놀았다.

"야, 거짓말쟁이!"

선우는 단단히 화가 나 있었다.

"앗! 미안해, 어제 집에 사촌 형이 와서."

"듣기 싫어. 이 거짓말쟁이야!"

선우는 책상을 발로 차며 소리쳤다.

"미안해, 선우야, 화 풀어."

효준이가 미안하다고 했지만 선우는 계속 화를 냈다.

"필요 없어! 이 거짓말쟁이야!"

효준이가 여러 번 사과했지만 선우는 쉬는 시간마다 계속 화를 내며 효준이를 거짓말쟁이라고 몰아세웠다.

"선우야, 나중에 화가 좀 풀리면 그때 다시 얘기하자!"

효준이는 씁쓸한 표정으로 돌아갔다. 그날 이후, 선우는 효준이와 예전처럼 가까워지지 못했다.

이해하기 21

» 내가 찾은 핵심어는

입니다.

(노력: 1, 우수: 2, 최우수: 3)

» 위의 핵심어를 사용하여 글을 요약하세요.

(노력: 1, 우수: 2, 최우수: 3)

» 다른 사람의 말이나 설명을 들으려 하지 않고 마음을 닫아 버리는 태도를 표현한 관용어로, 효준이의 여러 번의 사과에도 화를 풀지 않고 거짓말쟁이라고 몰아세운 선우의 모습에 어울리는 말은 다음 중 어느 것인가요? (　)

① 기가 막히다　② 눈치를 보다　③ 입을 모으다　④ 귀를 막다

» 효준이의 사과에도 불구하고 선우는 왜 이렇게 화가 났나요?

(노력: 1, 우수: 2, 최우수: 3)

» (　　)는 친구가 화를 내면 어떻게 하나요?

(노력: 1, 우수: 2, 최우수: 3)

총점:

이해하기 22

교육 활동 영역

• 정서 조절

하영이는 시험 중에 당황하고 불안을 느끼며 감정을 조절하지 못해 흐름을 놓칩니다. 시험이 끝난 뒤에는 눈물을 쏟으며 속상한 감정을 폭발시킵니다. 감정을 조절하고 차분히 상황을 받아들이는 연습이 필요한 모습입니다.

• 공감 능력

엄마는 하영이의 속상한 감정을 따뜻하게 안아 주며 위로합니다. "속상했구나." "그래서 더 속상했구나."라는 말은 하영이의 마음을 이해하고 존중하는 공감적 반응으로, 아이의 감정 회복에 큰 도움을 줍니다.

• 자기 조절 능력

하영이는 시험 문제를 순서대로 풀며 시간을 적절히 배분하지 못하고, 어려운 문제에 집착하다가 시간 관리에 실패합니다. 시험을 치르는 동안 집중과 계획을 유지하는 자기 조절 능력이 부족한 모습입니다.

• 문제 해결

이번 경험을 통해 하영이는 시험 전략(예: 쉬운 문제부터 풀기, 시간 분배 등)을 다시 고민해 볼 수 있게 됩니다. 다음 시험에서 비슷한 실수를 반복하지 않도록 대비하는 것도 문제 해결 능력의 하나입니다.

숨은 뜻 찾기

기본 언어 학습

- 긴장되다: 마음이 조마조마하거나 불안해져서 몸과 마음이 굳어지는 상태
- 도무지: 아무리 해도, 전혀(주로 부정문과 함께 써서 강한 부정의 뜻을 나타냄)

표현 익히기

- 공부는 평소에 해야지. 갑자기 한다고 잘 볼 수 있겠니?: 준비가 부족한 상황에서 좋은 결과를 기대하기 어렵다는 점을 충고하는 표현이다. '공부는 평소에 해야지'는 지속적인 노력이 중요함을 강조하고, '갑자기 한다고 잘 볼 수 있겠니?'는 즉흥적인 행동의 한계를 지적하는 의문 표현이다.

관용어

- 머리가 하얘지다: 긴장하거나 당황해서 아무 생각이 나지 않음을 나타낸다. 시험 도중 하영이는 머리가 하얘져 아무것도 풀 수 없었다.

생각을 여는 지도 Tip

시험 중 어려운 문제로 당황하여 문제를 다 풀지 못한 하영이의 속상한 마음에 대해 이야기해 보세요. 시험을 잘 보지 못했을 때 느끼는 실망과 좌절을 솔직하게 표현하고, 격려와 위로를 통해 다시 도전하는 용기의 중요성을 알 수 있습니다.

그림 이해하기

그림을 보고 말해요

- 이 아이는 지금 무엇을 하고 있나요?
- 표정을 보면 어떤 기분일까요?
- 왜 걱정하는 것처럼 보일까요?
- 시험 볼 때 어떤 생각이 들었을까요?

이해하기 22

교육 활동 영역: 정서 조절, 공감 능력, 자기 조절 능력, 문제 해결

년 월 일 요일 이름: ____________

제목: ______________________

수학 시험 시간이었다. 하영이는 무척 긴장되었다. 1번과 2번 문제는 쉽게 풀었지만, 3번부터는 어려워서 잘 풀리지 않았다. 표시를 해 두고 다음 문제를 보니 눈앞이 깜깜해지며 도무지 머리에 들어오지 않았다. 당황한 하영이는 다시 3번 문제에 매달렸지만 결국 포기하고 4번으로 넘어가려는 순간 시험 시간이 끝나 버렸다. 집에 돌아온 하영이는 엄마와 언니를 보자 눈물이 왈칵 쏟아졌다.

"으앙! 나 시험 망쳤어!"

그러자 언니가 말했다.

"미리 공부 좀 하지 그랬니?"

"어젯밤에 했단 말야. 그런데 생각이 안 나는 걸 어떡해!"

"공부는 평소에 해야지. 갑자기 한다고 잘 볼 수 있겠니?"

하영이는 언니가 너무 얄미워 더 크게 울었다. 엄마는 하영이를 따뜻하게 안아 주었다.

"시험을 못 봐서 속상하구나!"

엄마 품에 안겨 하영이는 훌쩍이며 말했다.

"앞에 어려운 문제를 풀다가 뒤의 문제들은 풀어 보지도 못하고 시험 시간이 끝나 버렸어."

"저런! 그래서 더 속상했구나." 엄마는 하영이의 등을 토닥여 주었다.

이해하기 22

» 내가 찾은 핵심어는

입니다.

(노력: 1, 우수: 2, 최우수: 3)

» 위의 핵심어를 사용하여 글을 요약하세요.

(노력: 1, 우수: 2, 최우수: 3)

» 언니가 말한 "시험을 잘 볼 수 있겠니?"의 의미는 무엇인가요? (　　)

① 시험을 잘 볼 수 있겠다　　② 시험을 잘 볼 수 있을지 궁금하다

③ 시험을 잘 볼 수 없을 것이다　　④ 기타: ______________

(노력: 1, 우수: 2, 최우수: 3)

» 깜짝 놀라거나 긴장해서 아무 생각도 나지 않고 멍해지는 상태를 표현한 관용어로, 시험 문제를 풀다가 점점 더 당황하며 도무지 답이 떠오르지 않았던 하영이의 상황에 어울리는 말은 다음 중 어느 것인가요? (　　)

① 입을 모으다　② 머리를 맞대다　③ 손이 크다　④ 머리가 하얘지다

» (　　　)는 시험이 생각처럼 잘 풀리지 않았던 적이 있나요?

(노력: 1, 우수: 2, 최우수: 3)

총점:

이해하기 23

교육 활동 영역

• 정서 조절

화빈이는 하고 싶은 일과 해야 하는 일 사이에서 갈등합니다. 나중에 엄마에게 "학원 선생님이 나만 미워한단 말이야!"라고 말하며 정서적으로 불안정한 상태를 보입니다. 학원에 가는 것에 대한 불만과 짜증을 느끼며, 감정을 제대로 표현하고 해소하지 못한 채 반응합니다.

• 문제 해결

학원과 다른 활동들 간의 갈등에서 화빈이는 결국 학원 다니기를 그만두고 집에서 공부하겠다고 합니다. 이는 자신의 문제를 해결하려는 시도이지만, 그것이 현실적이지 않거나 근본적인 해결책이 아닐 수 있습니다.

• 또래 관계

지연이는 자유롭게 일상을 즐기고, 화빈이에게 함께하자고 제안합니다. 그러나 화빈이는 학원 일정 때문에 이를 반복해서 거절하게 되고, 친구와의 자연스러운 관계 형성 기회를 잃게 됩니다.

• 가족 관계

엄마는 화빈이의 속마음보다 겉으로 드러나는 말과 행동만 보고 꾸짖습니다. 아이의 감정을 이해하고 함께 해결책을 찾기보다는 단호하게 혼내는 반응은 오히려 거리감을 키울 수 있습니다. 가족 간의 소통과 공감이 중요한 시점입니다.

숨은 뜻 찾기

기본 언어 학습

- 쌩 가 버리다: 빠른 속도로 급히 가 버리는 것
- 반납하다: 빌린 물건을 다시 돌려주는 것
- 꾸준히: 변함없이 끈기 있게 계속하는 모양

관용어

- 변덕이 죽 끓듯 하다: 마음이나 생각, 감정이 자주 바뀐다는 뜻이다. 화빈이는 학원을 다니고 싶다고 했다가 금세 지연이를 부러워하며 그만두겠다고 말하는 등 감정과 상황에 따라 마음이 쉽게 바뀌는 모습을 보인다.

생각을 여는 지도 Tip

화빈이가 학원 다니는 것과 지연이처럼 놀고 싶어 하는 마음 사이에서 갈등하는 상황에 대해 이야기해 보세요. 꾸준히 하는 일의 중요성과 때로는 솔직한 감정 표현이 필요하다는 점을 이해하는 데 도움이 됩니다.

그림 이해하기

그림을 보고 말해요

- 자전거를 탄 아이는 어떤 기분인가요?
- 서 있는 아이는 표정이 어때 보이나요?
- 자전거 탄 아이는 무슨 말을 하고 있을까요?
- 서 있는 아이는 왜 기운이 없어 보일까요?

이해하기 23

교육 활동 영역: 정서 조절, 문제 해결, 또래 관계, 가족 관계

년 월 일 요일 이름: ____________

제목: ______________________

"화빈아!"

뒤를 돌아보니 지연이었다.

"어디 가니?"

지연이는 자전거에서 내렸다.

"공원에 자전거 타러 가. 같이 갈래? 내가 자전거 빌려줄게."

화빈이는 순간 학원을 빼먹고 지연이와 공원에 가고 싶었다. 하지만 그렇게 하면 엄마에게 혼날 게 분명했다.

"영어 학원에 가야 해."

"알겠어. 잘 다녀와."

지연이는 자전거를 타고 쌩 가 버렸다. 화빈이는 영어 학원을 마치고 나오다가 또 지연이를 만났다.

"지연아, 어디 가니?"

"도서관에 가, 이 책 반납하고 새로 빌릴 거야. 같이 갈래?"

"안 돼. 수학 학원에 가야 해."

"그래? 학원 많이 다니네, 그럼 다음에 보자!"

지연이는 손을 흔들고 가 버렸다. 화빈이는 한숨을 내쉬며 터덜터덜 학원으로 향했다. 집에 돌아와서 엄마한테 말했다.

"엄마, 나 학원 그만둘래. 집에서 공부할 거야."

엄마가 화난 목소리로 따졌다.

"네가 가고 싶다고 해서 보내 줬더니 왜 또 그만둔다고 하니? 넌 꾸준히 하는 게 없구나."

화빈이는 짜증 난 목소리로 울먹였다.

"학원 선생님이 나만 미워한단 말이야!"

이해하기 23

>> 내가 찾은 핵심어는

입니다.

(노력: 1, 우수: 2, 최우수: 3)

>> 위의 핵심어를 사용하여 글을 요약하세요.

(노력: 1, 우수: 2, 최우수: 3)

>> 화빈이는 왜 학원을 그만두겠다고 할까요? (　)

① 학원 수업이 어려워서
② 선생님이 화빈이를 미워해서
③ 학원을 다니지 않아도 공부를 잘할 수 있을 것 같아서
④ 기타: ________________________

(노력: 1, 우수: 2, 최우수: 3)

>> 생각이나 태도가 자주 바뀌어 일정하지 않은 모습을 표현한 관용어로, 학원을 가고 싶다고 했다가 곧 그만두겠다고 말하는 화빈이의 모습에 어울리는 말은 다음 중 어느 것인가요? (　)

① 말보다 행동이 앞선다
② 사공이 많으면 배가 산으로 간다
③ 도둑이 제 발 저리다
④ 변덕이 죽 끓듯 하다

>> (　　　)는 학원에 다녀 본 적이 있나요?

(노력: 1, 우수: 2, 최우수: 3)

총점:

이해하기 24

교육 활동 영역

• 가족 관계

조부모와 손주가 함께 살아가며 생기는 오해와 갈등, 그리고 그 속에 담긴 사랑을 다루고 있습니다. 이야기를 통해 가족 간 이해와 배려의 중요성을 느끼게 됩니다.

• 정서 조절

처음에는 짜증과 불만으로 반찬 투정을 하던 아이들이 나중에 할머니의 진짜 모습을 보며 부끄러움, 놀람, 후회 같은 복잡한 감정을 경험하게 될 것입니다.

• 공감 능력

아이들은 처음에는 할머니의 속마음을 모르고 자기 입장에서만 불평하지만, 결혼식장에서 할머니가 고기와 생선을 드시는 모습을 보고서야 '할머니가 일부러 양보하신 것'을 깨닫습니다. 타인의 감정을 이해하고 입장을 바꾸어 생각하는 공감 능력이 성장하는 계기가 됩니다.

• 가치 및 태도 형성

할머니가 자신을 희생하며 아이들을 우선으로 생각했다는 사실을 알게 된 아이들이, 소중한 가족의 사랑을 뒤늦게나마 인식하는 장면입니다. 사소한 일상 속에서도 감사하는 마음을 갖는 태도 형성으로 연결됩니다.

숨은 뜻 찾기

기본 언어 학습

▶ 덩달아: 다른 사람의 행동이나 분위기에 따라 자연스럽게 함께 행동하는 것

표현 익히기

▶ 됐어요. 안 먹을래요: 권유나 제안을 거절하며 자신의 의사를 단호하게 표현하는 말이다. '됐어요'는 단호한 거절을 나타내고, '안 먹을래요'는 의도적으로 음식을 거부하는 의사를 드러내는 표현이다.

관용어

▶ 간이라도 빼어 줄 듯: 아끼는 사람에게 무엇이든 다 해 주고 싶은 마음을 비유적으로 이르는 표현이다. 손주들을 위해 자신이 좋아하는 고기와 생선을 손주들에게 다 양보하며 손주들만 챙기는 할머니의 모습이 간이라도 빼어 줄 듯한 지극하고 희생적인 마음을 보여 준다.

생각을 여는 지도 Tip

할머니가 평소에 고기와 생선을 잘 드시지 않는다고 생각했던 아이들이, 실제로는 다르게 행동하는 할머니의 모습을 보고 느낀 놀라움과 혼란에 대해 이야기해 보세요. 겉으로 보이는 행동 뒤에 숨은 뜻을 이해할 수 있습니다.

그림 이해하기

그림을 보고 말해요

- 식탁 위에는 어떤 음식이 있나요?
- 몇 사람이 함께 밥을 먹으려고 하나요?
- 누가 이 음식을 차렸을 것 같나요?
- 이 음식은 어느 나라 음식처럼 보이나요?

이해하기 24

교육 활동 영역: 가족 관계, 정서 조절, 공감 능력, 가치 및 태도 형성

년 월 일 요일 이름: ____________

제목: ______________________

"하윤아, 하준아 밥 먹어."

할머니가 부르셨다. 식탁 위에는 계란, 콩나물, 멸치조림 같은 반찬들이 있었다.

"반찬이 이게 뭐야? 고기도 없고, 생선도 없잖아. 다른 반찬 없어요?"

누나가 짜증을 냈다.

"다음에 해 줄게, 그냥 먹어."

"됐어요. 안 먹을래요."

누나가 수저를 내려놓았다. 나도 덩달아 말했다.

"나도 안 먹을래요."

"계란이랑 멸치조림 있잖아. 여기, 콩나물도 있네. 얼른 먹어. 내일은 돼지고기 볶아 줄게."

우리는 할머니가 고기를 싫어해서 우리에게도 해 주지 않는다고 생각했다. 가끔 고기와 생선 반찬이 식탁에 올라오면 우리만 먹었고 할머니는 김치만 드셨기 때문이다.

어느 일요일, 할머니와 함께 친척 결혼식에 갔다. 그런데 그날, 우리는 할머니가 고기와 생선을 많이 드시는 걸 보았다. 김치는 손도 대지 않으셨다.

이해하기 24

» 내가 찾은 핵심어는

입니다.

(노력: 1, 우수: 2, 최우수: 3)

» 위의 핵심어를 사용하여 글을 요약하세요.

(노력: 1, 우수: 2, 최우수: 3)

» 아주 소중하게 여기고 극진히 아낀다는 뜻의 관용어로, 손주들을 위해 좋아하는 음식도 참으며 반찬을 양보하던 할머니의 모습에 어울리는 말은 다음 중 어느 것인가요? (   )

① 손을 놓다　② 귀가 얇다　③ 입을 모으다　④ 애지중지하다

» 할머니가 평소에 집에서 고기와 생선을 드시지 않고 김치만 드셨던 이유는 무엇이라고 생각하나요?

(노력: 1, 우수: 2, 최우수: 3)

» (   )는 먹고 싶은 것을 참고 양보한 적이 있나요?

(노력: 1, 우수: 2, 최우수: 3)

총점:

이해하기 25

교육 활동 영역

• 가족 관계

엄마는 지호의 행동에 점점 더 화를 내며 통제하려 하고, 지호는 반항하면서 갈등이 심화됩니다. 부모-자녀 간의 건강한 의사소통과 상호 이해가 필요한 장면으로, 가족 관계 안에서 규칙을 정하고 서로 존중하는 태도를 기를 필요가 있습니다.

• 정서 조절

지호는 엄마의 말에 짜증을 내고, 게임에 몰두하면서 감정을 조절하지 못합니다. 게임을 중단하고 숙제를 해야 한다는 사실을 받아들이는 데 어려움을 겪습니다. 이는 정서 조절의 중요한 예시로, 감정을 다스리고 적절히 반응하는 것이 필요함을 보여 줍니다.

• 문제 해결

지호는 숙제를 미루고 게임을 하면서 결국 시간 관리에 실패하게 됩니다. 문제 해결의 관점에서, 지호는 숙제와 게임의 시간을 어떻게 분배할지 고민할 필요가 있었습니다. 게임을 하고 싶은 욕구와 숙제를 해야 하는 책임 사이에서 균형을 맞추는 방법을 배우는 것이 중요합니다.

• 자기 조절 능력

지호는 게임을 먼저 하고 싶은 마음에 숙제를 미루며 자기 조절에 실패합니다. 계획한 대로 행동하지 못하고 충동에 따라 움직이면서 갈등이 생깁니다. 자신의 행동을 스스로 조절하고 책임 있게 실천하는 태도가 필요한 상황입니다.

숨은 뜻 찾기

기본 언어 학습

- ▶ 몰두: 어떤 일에 깊이 빠져 정신을 집중하는 것
- ▶ 움켜쥐다: 손으로 무엇을 꼭 잡는 것
- ▶ 노려보다: 화가 나거나 미운 감정을 담아 상대를 똑바로 바라보는 것
- ▶ 눈도 떼지 않은 채: 다른 데로 시선을 돌리지 않고 한곳을 계속 바라보는 모습

관용어

- ▶ 눈 깜짝할 사이: 아주 짧은 순간, 순식간에, 눈 깜빡하는 사이에 시간이 흘러갔다는 뜻이다. 지호는 '게임 한 판만' 하겠다고 했지만, 스마트폰 게임에 너무 집중하느라 눈 깜짝할 사이에 시간이 훌쩍 지나 학원 갈 시간이 되어 버렸다.

생각을 여는 지도 Tip

지호가 숙제를 미루고 게임에 빠져 시간을 보내다가 엄마와 갈등을 겪는 상황에 대해 이야기해 보세요. 하고자 하는 마음과 실제 행동이 달라 속상할 때 느끼는 감정, 그리고 스스로 계획을 세우고 실천하는 태도의 중요성을 알 수 있습니다.

그림 이해하기

그림을 보고 말해요

- 왼쪽과 오른쪽 중 무엇을 먼저 선택해야 할까요?
- '숙제'라는 글자를 보고 무슨 생각이 드나요?
- 스마트폰을 사용할 때 기분이 어떤가요?
- 숙제를 하지 않고 스마트폰을 하면 어떤 일이 생길까요?

이해하기 25

교육 활동 영역: 가족 관계, 정서 조절, 문제 해결, 자기 조절 능력

년 월 일 요일 이름: ________

제목: ________________

"학원 숙제 다 했니?"

거실 소파에 앉아 게임을 하던 지호에게 엄마가 물었다.

"응, 이것만 하고 할게."

지호는 게임에서 눈도 떼지 않은 채 대답했다.

"안 돼! 숙제 먼저 해."

엄마가 말했다.

"이것만 하고 한다니까!"

지호는 화를 내며 소리쳤다.

"지난번에도 숙제 안 해 가서 선생님께 전화 왔잖아. 얼른 해."

엄마도 목소리를 높였다. 짜증이 난 지호는 방으로 들어가 책상 앞에 앉았다. 숙제를 하려다 옆에 놓인 스마트폰을 집어 들었다.

'게임 한 판만 하고 숙제해야지.'

속으로 다짐했지만, 막상 게임을 시작하자 시간 가는 줄 몰랐다. 한참 게임에 몰두하고 있는데 엄마의 화난 목소리가 들렸다.

"지호, 뭐 하는 거야? 폰 이리 내놔!"

"싫어! 이것만 할 거야!"

지호는 스마트폰을 꽉 움켜쥐었다. 엄마는 지호를 노려보며 물었다.

"학원 갈 시간인데, 숙제는 다 했니?"

지호는 시계를 보고 깜짝 놀랐다. 학원 갈 시간이 거의 다 됐기 때문이다.

이해하기 25

» 내가 찾은 핵심어는

입니다.

(노력: 1, 우수: 2, 최우수: 3)

» 위의 핵심어를 사용하여 글을 요약하세요.

(노력: 1, 우수: 2, 최우수: 3)

» 시간이 매우 빨리 지나가는 상황을 표현한 관용어로, 게임을 잠깐 하려다 그만 시간 가는 줄 모르고 숙제를 못한 지호의 모습에 어울리는 말은 다음 중 어느 것인가요? (　　)

① 손을 놓다　② 머리를 식히다　③ 입을 모으다　④ 눈 깜짝할 사이

» 하고 싶은 것을 참고 해야 할 것을 먼저 할 수 있는 방법은 무엇인가요?

(노력: 1, 우수: 2, 최우수: 3)

» (　　　)는 하고 싶은 것을 먼저 하나요, 해야 할 것을 먼저 하나요?

(노력: 1, 우수: 2, 최우수: 3)

총점:

이해하기 26

교육 활동 영역

• 자아 존중감

민서는 자신의 감정에 맞게 행동하기 어려워하며, 이는 민서의 자아 존중감이 불안정하거나, 다른 사람에게 어떻게 보일지에 대한 걱정이 반영된 상황입니다.

• 정서 조절

민서는 하윤이에게 선물을 주고 싶은 마음과 동시에 두려움, 어색함 등의 감정을 경험합니다. 이러한 감정을 다루는 정서 조절이 필요합니다.

• 또래 관계

민서는 친구 하윤이에게 고마운 마음을 전하고 싶지만, 타이밍을 놓치고 다가가지 못하며 마음을 표현하지 못합니다. 친구와의 거리감, 주저함, 표현의 어려움은 또래 관계 형성에서 흔히 나타나는 모습입니다.

• 문제 해결

감사를 전하고 싶은 민서는 머릿속으로 말을 여러 번 연습하고, 타이밍을 살피는 등 다양한 방법을 고민합니다. 하지만 시도한 만큼 결과가 따르지 않아 좌절을 겪는 모습에서, 실생활 문제 해결 과정의 시도와 실패 경험이 드러납니다.

숨은 뜻 찾기

기본 언어 학습

▶ 신중히: 실수나 실망이 없도록 매우 조심스럽고 깊이 생각하며 행동하는 것

▶ 되뇌다: 같은 말을 여러 번 반복해서 말하거나 생각하는 것

▶ 기회를 놓치다: 어떤 일을 할 수 있는 좋은 순간을 제대로 살리지 못하는 것

▶ 끝내: 여러 상황을 겪고도 결국은 어떤 결과에 이르게 되는 것

표현 익히기

▶ 지난번에 색연필 빌려줘서 고마워, 이거 네 선물이야: 이전에 도움을 준 일에 대해 감사를 표현하고 보답을 전하는 말이다. '색연필 빌려줘서 고마워'는 '~해서 ~해' 형식으로 색연필을 빌려줬기 때문에 고맙다는 감정 표현이다.

사자성어

▶ 우유부단(優柔不斷): 망설이기만 하고 결정을 내리지 못해 주저하는 태도를 이르는 말이다. 민서는 고마운 하윤이에게 선물을 전하려는 마음은 있었지만, 어떤 말을 해야 할지 계속 고민만 하며 행동으로 옮기지 못하고 우유부단한 태도로 결국 기회를 놓쳤다.

생각을 여는 지도 Tip

민서가 친구에게 선물을 주고 싶지만 어색함과 두려움으로 망설이는 마음을 이야기해 보세요. 진심을 표현하는 것이 어렵더라도 용기를 내는 과정과, 친구와의 소통에서 느끼는 불안과 기대를 이해하는 데 도움이 됩니다.

그림 이해하기

그림을 보고 말해요

- 이 아이는 무엇을 고르고 있나요?
- 이 물건은 어떤 용도로 쓰이는 걸까요?
- 아이는 어떤 색 지갑을 살 것 같나요?
- ○○라면 어떤 지갑을 고를 것 같나요?

이해하기 26

교육 활동 영역: 자아 존중감, 정서 조절, 또래 관계, 문제 해결

년 월 일 요일 이름: ____________

제목:

민서는 어제 문구점에서 신중히 고른 지갑을 하트 무늬 포장지로 포장했다. 마음에 들지 않아 몇 번을 다시 싸고 나서야 만족했다. 선물을 가방에 넣고 침대에 누웠지만 잠이 오지 않았다.

'하윤아, 지난번에 색연필 빌려줘서 고마워, 이거 네 선물이야.'

민서는 고개를 저었다.

"아니야, 어색해."

'하윤아, 색연필 빌려줘서 고마웠어, 이건 내 선물이야.'

민서는 다시 고개를 저었다.

"이것도 이상해."

혼잣말을 되뇌던 민서는 어느새 잠이 들었다.

다음 날 학교에서 민서는 하윤이 쪽을 보았다. 하지만 하윤이는 짝꿍 윤수랑 신나게 이야기를 하고 있어 다가가지 못했다. 급식 시간에도 예지와 이야기하는 하윤이에게 말을 걸 기회를 놓쳤다. 민서는 선물을 만지작거리다 다시 가방 안에 넣었다. 수업이 끝난 후 민서는 학교를 나서는 하윤이를 불렀다.

"하윤아!"

하지만 하윤이는 뒤도 돌아보지 않고 가 버렸다. 민서는 끝내 지갑을 주지 못하고 집으로 돌아왔다.

이해하기 26

≫ 내가 찾은 핵심어는

입니다.

(노력: 1, 우수: 2, 최우수: 3)

≫ 위의 핵심어를 사용하여 글을 요약하세요.

(노력: 1, 우수: 2, 최우수: 3)

≫ 자기 의사를 드러내지 못하고 상황만 살피며 주저하는 모습을 표현한 관용어로, 하윤이에게 선물을 주고 싶었지만 끝내 주지 못한 민서의 모습에 어울리는 말은 다음 중 어느 것인가요? ( )

① 기가 막히다 ② 손이 크다 ③ 입이 무겁다 ④ 눈치를 보다

≫ 민서는 어떤 성격인가요? 왜 그렇게 생각하나요?

(노력: 1, 우수: 2, 최우수: 3)

≫ ( )는 친구에게 선물을 줘 본 적이 있나요?

(노력: 1, 우수: 2, 최우수: 3)

총점:

이해하기 27

교육 활동 영역

• 또래 관계

하윤이는 민서가 자신을 계속 쳐다보는 이유를 오해하며 불안해하고, 민서는 하윤이에게 고마운 마음을 전하지 못해 머뭇거립니다. 서로에 대한 감정과 상황을 정확히 알지 못한 채 거리가 생기는 모습은 또래 관계에서 자주 나타나는 갈등 유형입니다.

• 문제 해결

하윤이는 예전에 실수한 일을 기억해 내고 사과해야겠다는 생각을 하지만, 결국 두려움 때문에 행동으로 옮기지 못합니다. 문제를 인식하고도 해결하지 못하는 상황을 통해 실제적이고 감정적인 문제 해결의 어려움을 보여 줍니다.

• 정서 조절

마음속의 불편함을 조절하거나 용기를 내기보다 하윤이의 도망치는 모습은 정서 조절 능력이 필요한 상황을 보여 줍니다.

• 공감 능력

하윤이는 민서가 왜 그렇게 행동하는지 단편적인 기억으로 해석하고, 자신의 시선에서만 상황을 바라봅니다. 민서의 진짜 마음을 헤아리지 못하는 모습은 타인의 감정과 상황을 더 깊이 이해하고 공감하는 능력의 필요성을 드러냅니다.

숨은 뜻 찾기

기본 언어 학습

▶ 힐끔힐끔: 몰래 눈치 보듯이 자꾸 쳐다보는 모양

▶ 등골이 오싹하다: 무서움이나 놀람으로 등에 소름이 돋을 만큼 섬뜩해지는 느낌

▶ 딱히: 특별히 내세울 만한 이유나 대답이 없을 때 사용하는 말

▶ 막상: 예상하거나 생각했던 것과 실제 상황이 다를 때 쓰는 말

▶ 못 들은 척: 실제로 듣고도 듣지 않은 것처럼 행동하는 것

관용어

▶ 마음이 무겁다: 어떤 일이나 생각 때문에 마음에 부담을 느끼거나 걱정이 되어서 편치 않은 상태를 말한다. 죄책감이나 불안감, 책임감 등으로 인해 마음이 편하지 않을 때 쓰는 표현이다. 하윤이는 민서에게 사과하지 못한 일이 자꾸 떠올라 마음이 무거웠고, 결국 민서가 다가오자 불안한 마음에 도망치듯 자리를 피했다.

생각을 여는 지도 Tip

하윤이가 민서의 마음을 헤아리며 사과하고 싶지만, 어떻게 다가가야 할지 몰라 고민하는 모습을 이야기해 보세요. 친구와의 갈등 상황에서 솔직한 마음을 표현하는 용기와 상대의 마음을 이해하려는 노력의 중요성을 알 수 있습니다.

그림 이해하기

그림을 보고 말해요

- 이 아이는 어떤 표정을 짓고 있나요?
- 이 아이는 왜 깜짝 놀란 것처럼 보일까요?
- 이 아이가 떠올린 일은 기분 좋은 일일까요, 불편한 일일까요?
- 잘못한 일이 떠올라 마음이 불편했던 적이 있나요?

이해하기 27

교육 활동 영역: 또래 관계, 문제 해결, 정서 조절, 공감 능력

년 월 일 요일 이름: ____________

제목: ______________________

하윤이는 민서가 자신을 힐끔힐끔 쳐다보는 걸 느꼈다.

'민서가 왜 나를 쳐다보지?'

생각해 봤지만, 딱히 이유가 떠오르지 않았다. 급식을 먹고 교실로 돌아와 친구들과 이야기를 나누고 있었다.

"하윤아, 민서가 너 쳐다보는 것 같아."

예지가 작은 목소리로 말했다. 그제야 며칠 전 일이 떠올라 하윤이는 등골이 오싹해졌다. 실수로 민서 책상을 치면서 필통을 떨어뜨렸던 일이다. 얼른 필통을 주워 책상 위에 올려 두었다. 그때 민서가 자리에 없어서 사과를 못했다. 나중에라도 사과를 했어야 했는데 깜박 잊고 말았던 것이다.

'아, 민서가 그 일로 나한테 화가 난 게 분명해.'

하윤이는 점점 불안해졌다.

'지금이라도 가서 사과할까?'

하윤이는 여러 번 망설였다. 하지만 막상 어떻게 말을 꺼내야 할지 몰랐다. 혹시나 말을 걸었다가 민서가 더 화를 내면 어쩌나 하는 걱정도 들었다. 방과 후, 학교를 나서던 하윤이는 뒤에서 부르는 소리에 걸음을 멈췄다.

"하윤아!"

민서의 목소리였다. 하윤이는 심장이 두근거렸다. 순간 못 들은 척하며 발걸음을 재촉해 서둘러 학교를 빠져나왔다.

이해하기 27

» 내가 찾은 핵심어는

입니다.

(노력: 1, 우수: 2, 최우수: 3)

» 위의 핵심어를 사용하여 글을 요약하세요.

(노력: 1, 우수: 2, 최우수: 3)

» 걱정이나 미안한 감정으로 기분이 가라앉고 편치 않은 상태를 표현한 관용어로, 사과하지 못한 일로 불안해하면서 민서의 시선을 의식한 하윤이의 모습에 어울리는 말은 다음 중 어느 것인가요? (   )

① 귀가 얇다 ② 손을 놓다 ③ 발이 묶이다 ④ 마음이 무겁다

» 하윤이는 민서가 부르는 소리를 왜 못 들은 척하고 그냥 갔나요?

(노력: 1, 우수: 2, 최우수: 3)

» (   )는 친구에게 사과를 해 본 적이 (있어요 ①/없어요 ②)

① ____________________

② 만약 실수로 잘못을 한다면 ____________________

(노력: 1, 우수: 2, 최우수: 3)

총점:

이해하기 28

교육 활동 영역

• 또래 관계

지영이는 다빈이와의 관계 속에서 다른 친구들과의 거리감이 생기고 있다고 느끼며, 결국 관계를 단절하려 합니다. 또래 집단 속에서의 소속감, 편견, 관계 조절의 어려움이 드러납니다.

• 자아 존중감

지영이는 다른 아이들의 시선을 의식해 자신의 감정보다 주변 반응을 더 중요하게 여깁니다. 자신을 긍정하고 당당하게 표현하지 못하는 모습은 자아 존중감의 부족을 보여줍니다.

• 공감 능력

지영이는 다빈이의 감정이나 입장을 충분히 이해하거나 배려하지 못하고 자신의 불편함만을 표현합니다. 친구의 입장에서 상황을 바라보는 공감 능력의 부족이 드러나는 장면입니다.

• 의사소통

지영이는 끝까지 참다가 갑작스럽고 단호한 표현으로 마음을 전달해 다빈이를 당황하게 합니다. 감정을 조절하며 상황에 맞는 말투와 방식으로 대화하는 기술이 필요한 모습입니다.

숨은 뜻 찾기

기본 언어 학습

- 편치 않다: 마음이 편하거나 좋지 않은 상태를 부드럽게 표현한 말
- 의식되다: 다른 사람의 시선이나 반응이 신경 쓰여 행동이 자유롭지 않은 상태
- 왠지: 특별한 이유를 설명하기 어렵지만 그렇게 느껴지는 것
- 마치: 실제로 그렇지는 않지만 그렇게 느껴지는 상황을 비유적으로 표현하는 말
- 아는 척: 알고 있는 것을 내세우거나 친한 것처럼 행동하는 것

관용어

- 선을 긋다: 관계에서 일정한 거리나 한계를 정하고 그 이상 가까워지지 않으려 하다. 지영이는 다빈이에게 "이제 따로 다니자."라고 하며 명확히 선을 긋는다.

생각을 여는 지도 Tip

지영이가 친구와의 관계에서 느낀 불편함에 대해 이야기해 보세요. 건강한 관계를 위해 때로는 솔직한 대화가 필요하다는 것을 알 수 있습니다.

그림 이해하기

그림을 보고 말해요

- 이 장면은 어디에서 일어난 일인가요?
- 파란색 옷을 입은 아이는 어떤 표정을 짓고 있나요?
- 주황색 옷을 입은 아이는 무슨 기분일까요?
- 이 아이들은 어떤 상황에 처해 있다고 생각하나요?

이해하기 28

교육 활동 영역: 또래 관계, 자아 존중감, 공감 능력, 의사소통

년 월 일 요일 이름: ____________

제목:

"지영아, 같이 가!"

다빈이가 지영이를 부르며 뛰어왔다.

"응, 그래."

다빈이와 함께 학교로 향했지만, 지영이는 마음이 편치 않았다. 다빈이는 얼마 전 지영이네 동네로 이사 와서 같은 반이 되었다. 지영이가 다니는 학교에서는 보통 여학생은 여학생끼리 남학생은 남학생끼리 다닌다. 그런데 다빈이는 자꾸 지영이를 따라다녔다. 지영이는 처음에는 크게 신경 쓰지 않고 다빈이와 같이 다녔지만, 시간이 지나면서 친구들과 점점 멀어지는 것 같았다. 다빈이는 좋은 아이지만 지영이는 왠지 마음이 뒤숭숭했다. 급식 시간에도 다빈이는 지영이 옆자리에 앉아 이야기를 나누었다. 그런데 지영이는 아이들의 시선이 의식되어 뭔가 불편했다. 마치 다른 아이들이 자신들을 쳐다보는 듯한 느낌이 들었다. 수업이 끝나고 집으로 돌아오는 길에 지영이는 용기를 내어 다빈이에게 말했다.

"다빈아, 이제 우리 따로 다니자. 그리고 학교에서는 나한테 아는 척하지 않았으면 좋겠어."

지영이의 말을 들은 다빈이는 깜짝 놀라 눈이 휘둥그레졌다.

이해하기 28

» 내가 찾은 핵심어는

입니다.

(노력: 1, 우수: 2, 최우수: 3)

» 위의 핵심어를 사용하여 글을 요약하세요.

(노력: 1, 우수: 2, 최우수: 3)

» 더 이상 가까이 지내지 않기 위해 관계를 딱 끊거나 거리를 두는 태도를 표현한 관용어로, 친구들과 멀어지는 것이 걱정되어 다빈이에게 따로 다니자고 말한 지영이의 행동에 어울리는 말은 다음 중 어느 것인가요? ( )

① 코가 납작해지다 ② 손을 내밀다 ③ 입을 모으다 ④ 선을 긋다

» 지영이는 왜 다빈이와 함께 다니는 게 불편하게 되었나요?

(노력: 1, 우수: 2, 최우수: 3)

» ( )는 같이 다니기 싫었던 친구가 (있어요 ①/없어요 ②)

① ______________________________

② 만약 같이 다니기 싫은 친구가 있다면 ______________________________

(노력: 1, 우수: 2, 최우수: 3)

총점:

이해하기 29

교육 활동 영역

• 또래 관계

처음에는 지영이와의 친밀한 관계를 통해 안정감을 느끼지만, 시간이 지나며 지영이의 태도가 변하고 결국 관계가 멀어지면서 혼란과 상실을 겪습니다. 또래 관계 형성과 유지의 어려움, 감정적 상처와 단절의 경험이 중심이 됩니다.

• 정서 조절

지영이의 변화와 거절에 다빈이는 당황하고 속상하지만, 감정을 겉으로 표현하지 않고 스스로 감정을 다스리려 노력합니다. 혼란스러운 상황 속에서 자신의 감정을 조절하고 침착하게 행동하는 모습이 나타납니다.

• 공감 능력

다빈이는 지영이의 태도 변화에 당황하면서도, 지영이에게 무슨 일이 있는지 먼저 걱정하며 살펴보는 모습에서 친구의 감정을 이해하고 배려하려는 태도가 드러납니다. 상대의 입장에서 생각하려는 태도는 공감 능력의 중요한 요소입니다.

• 자아 존중감

지영이에게 상처받는 경험을 하며 다빈이는 자신의 관계에 대해 혼란을 느끼고 위축될 수 있습니다. 그럼에도 감정을 절제하며 지영이의 입장을 받아들이려는 모습은 자기 존중감 형성의 초기 단계로 볼 수 있습니다.

숨은 뜻 찾기

기본 언어 학습

- 세세하게: 자세하고 꼼꼼하게
- 시큰둥하다: 내키지 않거나 반응이 시원치 않은 태도
- 캐묻다: 자세히 따지고 묻다
- 적응: 새로운 환경이나 상황에 잘 맞추어 익숙해지는 것

관용어

- 눈이 휘둥그레지다: 깜짝 놀라거나 당황스러울 때 눈이 크게 떠지는 놀란 표정을 뜻하며, 지영이의 갑작스러운 말에 당황한 다빈이의 모습에 어울린다.

생각을 여는 지도 Tip

친구와의 관계가 변하는 상황에서 느끼는 당황스러움과 마음의 거리를 이야기해 보세요. 가까웠던 사이가 멀어질 때 겪는 감정을 이해하고, 상대방의 마음을 존중하는 태도와 어려운 상황을 슬기롭게 대처하는 방법을 배우는 데 도움이 됩니다.

그림 이해하기

그림을 보고 말해요

- 이 그림은 어디에서 일어난 장면인가요?
- 앞줄에 앉아 있는 두 아이의 표정은 어떤가요?
- 두 아이는 서로를 어떻게 생각하고 있을까요?
- 왜 두 아이가 서로 다른 방향을 보고 있다고 생각하나요?

이해하기 29

교육 활동 영역: 또래 관계, 정서 조절, 공감 능력, 자아 존중감

년　월　일　요일 이름: ____________

제목: ______________________________

전학을 오기 전, 다빈이는 새로운 학교에서 친구를 사귀기가 어려울까 봐 걱정했다. 하지만 이사 온 후, 지영이와 친구가 되면서 그런 걱정은 사라졌다. 지영이는 상냥하고 친절했다. 학교생활에 대해 세세하게 알려 주었고, 어떤 질문에도 성심껏 대답해 주었다. 지영이 덕분에 다빈이는 빠르게 학교에 적응할 수 있었다. 그러나 한 달쯤 지나자 지영이의 모습이 달라졌다. 예전처럼 잘 웃지도 않았고, 다빈이의 말에도 시큰둥했다.

"지영아, 어디 아픈 거 아니야?"

다빈이의 말에 지영이는 그저 고개만 저었다.

"무슨 일 있으면 말해 줘."

다시 말해 봤지만, 돌아오는 대답은 짧았다.

"아니."

다빈이는 지영이에게 무슨 일이 있는 것 같았지만 더 이상 캐묻지 않았다. 한편으로 지영이의 기분을 풀어 주고 싶었지만, 어떻게 해야 할지 몰랐다. 그러던 목요일 하굣길, 지영이가 결심한 듯 입을 열었다.

"다빈아, 이제 우리 따로 다니자. 그리고 학교에서 아는 척하지 않았으면 좋겠어."

이해하기 29

» 내가 찾은 핵심어는

입니다.

(노력: 1, 우수: 2, 최우수: 3)

» 위의 핵심어를 사용하여 글을 요약하세요.

(노력: 1, 우수: 2, 최우수: 3)

» 깜짝 놀라거나 당황스러울 때 눈이 크게 떠지는 놀란 표정을 표현한 관용어로, 지영이의 갑작스러운 말에 당황한 다빈이의 모습에 어울리는 말은 다음 중 어느 것인가요? ( )

① 기가 막히다 ② 입을 모으다 ③ 손을 놓다 ④ 눈이 휘둥그레지다

» 다빈이는 이제 어떻게 하면 좋을까요?

(노력: 1, 우수: 2, 최우수: 3)

» (   )를 싫어했던 친구가 (있어요 ①/없어요 ②)

① ______________________________

② 만약 (   )를 싫어하는 친구가 있다면 ______________________________

(노력: 1, 우수: 2, 최우수: 3)

총점:

이해하기 30

교육 활동 영역

• 또래 관계

지영이는 다빈이와의 관계를 스스로 끊었지만, 시간이 지나 다빈이가 다른 친구들과 친해지는 모습을 보며 소외감과 후회를 느낍니다. 관계 형성, 갈등, 거리 두기, 그리고 다시 관계를 맺고 싶어 하는 복합적인 또래 관계의 모습이 나타납니다.

• 문제 해결

지영이는 갈등 이후 다빈이와의 관계를 회복하고 싶어 하지만, 어떻게 다가가야 할지 모르고 계속 기회를 놓칩니다. 자신의 선택으로 생긴 갈등을 되돌리고 싶어 하지만 직접 해결하지 못한 채 후회만 남는 상황에서, 문제 해결의 필요성과 어려움을 보여 줍니다.

• 정서 조절

지영이는 다빈이의 이름만 들어도 화가 나거나 기분이 상하며, 감정 조절이 어려운 모습을 보입니다. 다빈이와의 거리감, 질투, 후회 등 복잡한 감정을 경험하며 감정을 조절하고 스스로 다스릴 수 있는 능력이 요구되는 상황입니다.

• 자기 성찰

지영이는 과거의 행동을 되돌아보며 후회하고, 다빈이와의 관계를 다시 이어 가고 싶다는 마음을 갖습니다. 자신의 선택과 감정을 돌아보고 스스로의 행동을 되짚는 과정은 자기 성찰의 한 형태로 볼 수 있습니다.

숨은 뜻 찾기

기본 언어 학습

- 갸웃하다: 고개를 한쪽으로 조금 기울이며, 의아하거나 이해되지 않을 때 짓는 표정이나 행동
- 타임머신: 시간과 공간을 자유롭게 이동할 수 있다고 상상하는 기계

속담

- 소 잃고 외양간 고친다: 일이 잘못된 뒤에 뒤늦게 수습하려 해도 이미 늦었다는 뜻이다. 지영이는 다빈이와의 관계가 멀어진 뒤에서야 그 소중함을 깨닫고 후회하게 된다.

생각을 여는 지도 Tip

다빈이와의 거리감이 생긴 뒤 지영이가 후회하는 마음이 생기게 된 상황에 대해 이야기해 보세요. 실수로 멀어진 관계에서도 마음을 열고 다시 소통하려는 용기는 또래 관계를 회복하고 유지하는 데 중요한 밑거름이 됩니다.

그림 이해하기

그림을 보고 말해요

- 이 장면은 어디에서 일어난 일인가요?
- 앞에 앉은 남자아이는 어떤 표정인가요?
- 서 있는 여자아이는 어떤 기분일 것 같나요?
- 여자아이는 왜 저런 표정을 짓고 있을까요?

이해하기 30

교육 활동 영역: 또래 관계, 문제 해결, 정서 조절, 자기 성찰

년 월 일 요일 이름: ____________

제목: ______________________

"수아야, 학교 끝나고 놀이터 갈래?"

"다빈이랑도 가기로 했는데, 잘됐다. 우리 같이 가자!"

"아니, 난 됐어!"

수아는 고개를 갸웃했다. 지영이는 '다빈'이라는 이름을 듣는 순간, 머리를 한 대 얻어맞은 것 같았다.

"유나야, 토요일 3시에 어린이 도서관에 영화 보러 안 갈래? 이번에는 피터팬이래."

"응, 좋아! 그런데 수아랑 다빈이도 같이 갈 건데, 괜찮지?"

"아냐, 됐어! 너희끼리 가."

다빈이의 이름이 또 나오는 순간, 지영이의 마음은 다시 뒤틀리고 말았다. 전학 온 다빈이는 처음에 지영이에게 자꾸 말을 걸었다. 지영이는 학교에서 아는 척하지 말아 달라고 했고, 등굣길에도 따로 다니자고 부탁했다. 다빈이는 당황했지만, 그러겠다고 했고 약속을 잘 지켰다. 그 후 둘은 서로 모르는 사이처럼 지냈다. 다빈이는 서서히 다른 친구들과 친해졌다. 특히 종혁이, 예지, 수아, 화빈이와 자주 어울렸다. 주말에는 아이들과 공원에서 자전거를 타는 모습도 종종 눈에 띄었다. 그제야 지영이는 후회가 밀려왔다. 만약 타임머신이 있다면 과거로 돌아가 다빈이에게 이렇게 말하고 싶었다.

"우리, 앞으로도 계속 친하게 지내자!"

이해하기 30

내가 찾은 핵심어는

입니다.

(노력: 1, 우수: 2, 최우수: 3)

위의 핵심어를 사용하여 글을 요약하세요.

(노력: 1, 우수: 2, 최우수: 3)

지영이는 다빈이와의 관계를 어떻게 되돌리고 싶어 하나요? (　)

① 타임머신을 이용해 과거로 돌아가 다빈이에게 말을 걸지 않도록 한다
② 타임머신을 이용해 과거로 돌아가 다빈이에게 친하게 지내자고 한다
③ 다빈이에게 사과하고 관계를 회복한다
④ 다빈이와 다시 친해지기 위해 노력한다
⑤ 기타: ______________________

(노력: 1, 우수: 2, 최우수: 3)

어떤 일이 잘못된 뒤에야 뒤늦게 후회하며 문제를 바로잡으려는 상황을 표현한 속담으로, 다빈이와 멀어진 뒤에야 후회하며 과거를 되돌리고 싶어 한 지영이의 마음에 어울리는 말은 다음 중 어느 것인가요? (　)

① 아니 땐 굴뚝에 연기 날까
② 벼는 익을수록 고개를 숙인다
③ 배보다 배꼽이 더 크다
④ 소 잃고 외양간 고친다

(　　)가 주인공이라면 어떻게 하고 싶나요?

(노력: 1, 우수: 2, 최우수: 3)

총점:

정답

설명 가이드

- 객관식: 보기 중에서 명확한 정답이 있는 문제입니다.
- 복수 정답: 상황에 따라 2개 이상이 모두 타당할 수 있는 경우입니다. 아이가 그중 하나를 고르면 정답입니다. 기타를 선택한 경우, 그 이유를 간략히 쓰라고 합니다.
- 주관식: 아이의 개별적인 경험과 생각을 바탕으로 자유롭게 작성하는 문제입니다. 논리적 연결이 있다면 정답으로 봅니다.

이해하기 1

- 핵심어: 수아, 유나, 인사, 표정, 짜증 등
- 요약문 예시: 수아는 유나에게 인사를 하며 다가갔다. 하지만 유나는 시무룩한 표정으로 짜증을 냈고, 수아도 화가 나서 떠나 버렸다.
- "왜 자꾸 귀찮게 해?"라고 말한 이유: ②, ⑤
- 관용어: ③
- 주관식

이해하기 2

- 핵심어: 유나, 숙제, 엄마, 수아, 실랑이 등
- 요약문 예시: 유나는 숙제를 미루다 엄마에게 잔소리를 들었다. 등굣길에도 무거

운 마음이어서 방과 후에 놀자는 수아의 제안을 거절했다.

- 수아가 방과 후에 놀자고 했을 때, 유나의 반응: ③
- 관용어: ③
- 주관식

이해하기 3

- 핵심어: 눈, 예지, 이름, 쪽지, 초콜릿 등
- 요약문 예시: 눈 오는 날, 옆 반 아이가 넘어졌을 때 나는 망설이다가 도와주었다. 며칠 후 고맙다는 쪽지와 초콜릿을 받았다.
- 관용어: ②
- 주관식

이해하기 4

- 핵심어: 예지, 도윤이, 눈, 치마, 친구 등
- 요약문 예시: 예지는 눈 오는 날 치마를 입고 가다가 넘어져서 도윤이에게 도움을 받았다. 그 뒤 예지는 쪽지와 초콜릿을 주며 도윤이와 친구 사이가 되었다.
- 예지와 도윤이는 어떻게 친구가 되었나요: ①, ②, ③, ④
- 사자성어: ③
- 주관식

이해하기 5

- 핵심어: 현장학습, 감기, 화빈이, 엄마, 친구들
- 요약문 예시: 화빈이는 현장학습을 기대했지만 아침에 감기 증상이 나타났다. 엄마의 반대로 가지 못하게 되어 속상했다.
- 화빈이는 왜 엄마한테 화를 내나요: ③
- 관용어: ④
- 주관식

이해하기 6

- 핵심어: 방학, 개학 첫날, 주연이, 엄마, 위로 등
- 요약문 예시: 아이들이 방학 동안의 즐거웠던 일을 이야기하던 중, 주연이만 아픈 엄마를 돌보느라 아무것도 하지 못한 것을 알았다. 아이들은 주연이를 위로해 주었다.
- 화빈이가 주연이에게 미안하다고 한 이유: ①, ②, ③
- 관용어: ③
- 주관식

이해하기 7

- 핵심어: 수현이, 심부름, 마트, 인사, 두부 등
- 요약문 예시: 수현이는 처음으로 혼자 마트 심부름을 갔다. 가는 길에 만난 할머니와 마트 아주머니께 예의 바르게 인사하며 자신 있게 심부름을 마쳤다.
- 수현이는 몇 살 정도 되었을까요: 8~13세
  이유: '수현이는 처음으로 혼자 심부름을 갔다'라는 문장에서 추론해 볼 수 있다.
- 속담: ④
- 주관식

이해하기 8

- 핵심어: 다은이, 정우, 새치기, 줄, 근우 등
- 요약문 예시: 다은이는 급식 줄에서 정우가 새치기를 해도 아무 말 하지 못했다. 이를 본 근우가 화내자 다은이는 창피함을 느꼈다.
- 다은이는 왜 아무 말도 못했을까요?: 괜히 싸움이 날까 봐 걱정되어서 등 상황에 적절하면 정답으로 인정한다.
- 속담: ④
- 주관식

이해하기 9

- 핵심어: 선우, 식사, 의자, 물컵, 엄마, 아빠 등

- 요약문 예시: 선우는 식사 시간에 의자를 흔들고 물컵으로 장난을 치다가 혼이 났다. 그리고 엄마와 아빠는 이 일로 언성을 높이며 다투었다.
- 관용어: ③
- 주관식
- 주관식

이해하기 10

- 핵심어: 지윤, 수현, 대답, 기억, 거짓말 등
- 요약문 예시: 지윤이는 수현이에게 인사했지만 무시당했고, 이유를 묻자 수현이는 전날 지윤이에게 무시당했다고 말했다. 지윤이는 기억이 나지 않아 억울해했다.
- 주관식
- 속담: ①
- 주관식

이해하기 11

- 핵심어: 성재, 세영이, 학교, 숙제, 선생님, 필통 등
- 요약문 예시: 성재는 외모와 냄새, 학교생활의 어려움으로 아이들에게 따돌림을 당하고 있다. 어느 날 세영이가 두고 온 필통을 성재가 챙겨 주자 세영이는 아이들의 시선을 의식했지만, 용기를 내어 작은 목소리로 고맙다고 말했다.
- 선생님이 성재를 혼내지 않은 이유: ②, ③, ④
- 관용어: ④
- 주관식

이해하기 12

- 핵심어: 예린이, 원피스, 불편, 편한 옷, 엄마
- 요약문 예시: 예린이는 예쁘다는 칭찬을 생각하며 원피스를 입고 학교에 갔다. 하지만 불편함을 느끼고, 다음 날에는 편한 옷을 입기로 했다.
- 예린이는 왜 원피스를 입고 학교에 갔나요: ①, ③, ④
- 관용어: ④

» 왜 그 옷을 선택했는지 이유를 타당하게 말하면 정답으로 인정한다.

● 이해하기 13

» 핵심어: 민서, 지아, 친구, 결석, 빈 자리 등

» 요약문 예시: 민서는 지아와 친한 친구 사이였다. 그런데 어느 날 지아가 결석하자 민서 혼자 학교생활을 하며 어색하고 힘든 하루를 보냈다.

» 관용어: ④

» 주관식

» 주관식

● 이해하기 14

» 핵심어: 지아, 민서, 친구, 부탁, 답답함 등

» 요약문 예시: 지아는 민서 엄마의 부탁으로 민서와 친하게 지냈다. 하지만 다른 친구들과 어울릴 시간이 줄어들어 답답함을 느끼며 고민하게 되었다.

» 속담: ④

» 주관식

» 주관식

● 이해하기 15

» 핵심어: 한글, 효린, 지윤, 눈물, 선생님 등

» 요약문 예시: 효린이는 다른 아이를 놀리는 말을 하다가 지윤이의 반박에 상처를 받아 울음을 터뜨렸다. 지윤이는 자신이 한 말이 오해로 받아들여져 당황하며 상황이 잘못 흘러가고 있음을 느꼈다.

» 속담: ④

» 주관식

» 주관식

● 이해하기 16

» 핵심어: 지호, 엄마, 아빠, 게임기, 숙제 등

- 요약문 예시: 지호는 엄마의 말에 따르지 않고 자기 마음대로 행동했다. 그러나 아빠의 꾸중과 부모님의 갈등을 겪은 뒤 조용히 책상 앞에 앉았다.
- 속담: ④
- 주관식: 아이의 예측이 타당하면 정답으로 인정한다.
- 주관식: 아이의 경험이나 생각이 구체적이고 상황에 적절하면 정답으로 인정한다.

이해하기 17

- 핵심어: 석정이, 형, 장난감, 울음, 엄마 등
- 요약문 예시: 석정이는 장난감 자동차의 바퀴가 빠지자 형에게 고쳐 달라고 했다. 그런데 형이 실수로 자동차 문을 부서뜨리자 석정이는 울며 엄마에게 말했고, 엄마는 형을 혼냈다.
- 속담: ④
- 주관식
- 주관식: 아이의 경험이 구체적이고 상황에 적절하면 정답으로 인정한다.

이해하기 18

- 핵심어: 혜린이, 지연이, 묶은 머리, 눈꼬리, 팥쥐
- 요약문 예시: 머리를 묶고 싶었던 혜린이는 짧은 머리임에도 억지로 묶고 학교에 갔다. 그런데 아이들에게 놀림을 받아 창피함을 느꼈다.
- 속담: ④
- 주관식
- 주관식

이해하기 19

- 핵심어: 지연이, 긴 머리, 25센티미터, 단발머리 등
- 요약문 예시: 지연이는 그동안 긴 머리카락 때문에 불편했지만, 머리카락이 누군가에게 도움이 될 것을 생각하니 설레었다. 엄마와 단발머리로 자르기로 약속한 지연이는 거울을 보며 환하게 웃었다.
- 지연이가 머리를 길렀던 이유: ③

- 속담: ④
- 주관식

이해하기 20

- 핵심어: 효준이, 선우, 놀이터, 시소 등
- 요약문 예시: 선우는 시소를 함께 타기로 한 효준이를 오래도록 기다렸지만, 효준이는 끝내 오지 않았다. 다른 아이들의 제안도 거절한 선우는 아쉬운 마음으로 집으로 돌아갔다.
- 속담: ④
- 주관식
- 주관식

이해하기 21

- 핵심어: 효준이, 선우, 화, 거짓말, 사촌 형 등
- 요약문 예시: 효준이는 놀이터에서 선우와 만나기로 한 약속을 잊고 가지 않았다. 그 일로 화가 난 선우는 효준이의 사과를 받아들이지 않고 계속 거짓말쟁이라고 몰아세우며 둘은 멀어지게 되었다.
- 관용어: ④
- 주관식
- 주관식

이해하기 22

- 핵심어: 하영이, 시험, 긴장, 문제, 공부, 엄마 등
- 요약문 예시: 하영이는 수학 시험 시간에 앞부분 문제에 시간을 쓰느라 뒤의 문제들을 풀지 못해 속상해했다. 집에 돌아온 하영이는 눈물을 흘리며 엄마에게 시험을 망친 이유를 이야기했다.
- 언니가 말한 "시험을 잘 볼 수 있겠니?"의 의미: ③
- 관용어: ④
- 주관식

이해하기 23

- 핵심어: 학원, 지연이, 화빈이, 공부, 엄마 등
- 요약문 예시: 화빈이는 지연이의 제안에 끌렸지만 학원에 가기로 한 약속을 지켰다. 그러나 집에 돌아와서는 선생님이 자신을 미워하는 것 같다며 학원을 그만두겠다고 엄마에게 말했다.
- 화빈이가 학원을 그만두겠다고 하는 이유: ④
- 관용어: ④
- 주관식

이해하기 24

- 핵심어: 하윤이, 하준이, 할머니, 반찬, 고기 등
- 요약문 예시: 할머니는 평소 고기와 생선 반찬을 안 드시고 김치만 드셨다. 그런데 우리는 친척 결혼식 날 고기와 생선을 맛있게 드시는 할머니를 보았다.
- 관용어: ④
- 주관식
- 주관식

이해하기 25

- 핵심어: 지호, 숙제, 게임, 시간, 엄마 등
- 요약문 예시: 지호는 숙제하라는 엄마의 반복된 잔소리에도 시간 가는 줄 모르고 게임을 했다. 결국 학원 갈 시간이 되자 지호는 당황하게 된다.
- 관용어: ④
- 주관식
- 주관식

이해하기 26

- 핵심어: 민서, 선물, 하윤이, 지갑, 기회 등
- 요약문 예시: 민서는 하윤이에게 고마운 마음을 전하려 선물을 준비했다. 하지만 용기를 내지 못해 여러 번 기회를 놓치고 결국 선물을 주지 못했다.

- 표현: ④
- 주관식
- 주관식

● 이해하기 27

- 핵심어: 하윤이, 민서, 사과, 불안, 필통 등
- 요약문 예시: 하윤이는 민서의 시선을 느끼며 며칠 전 사과하지 못한 일을 떠올리고 불안해했다. 사과하고 싶었지만 용기가 나지 않아, 결국 민서가 부르는 소리도 못 들은 척하고 자리를 피했다.
- 관용어: ④
- 주관식
- 주관식

● 이해하기 28

- 핵심어: 지영이, 다빈이, 아이, 불편, 용기 등
- 요약문 예시: 지영이는 다빈이와 함께 다니며 아이들과 멀어지는 것 같아 점점 불편함을 느꼈다. 결국 지영이는 다빈이에게 따로 다니자고 말하며 거리를 두기로 했다.
- 관용어: ④
- 주관식
- 주관식

● 이해하기 29

- 핵심어: 다빈이, 지영이, 전학, 학교생활 등
- 요약문 예시: 다빈이는 지영이 덕분에 새 학교에 잘 적응했지만, 어느 순간 지영이의 태도가 달라졌다. 어느 날 지영이는 다빈이에게 따로 다니자고 말했고, 다빈이는 갑작스러운 말에 당황했다.
- 관용어: ④
- 주관식

- 주관식

이해하기 30

- 핵심어: 지영이, 다빈이, 타임머신, 후회, 과거 등
- 요약문 예시: 지영이는 처음에는 다빈이와 거리를 두고 싶어 했지만, 다빈이가 다른 아이들과 친해지는 모습을 보고 후회했다. 이제는 과거로 돌아가 다빈이에게 계속 친하게 지내자고 말하고 싶다고 생각한다.
- 지영이가 생각하는 다빈이와의 관계 회복 방법: ②
- 속담: ④
- 주관식: 다양한 표현이 가능하며, 맥락에 맞으면 정답으로 인정한다.

저자 소개

심현미(Shim hyun mi)

세종대학교 일반대학원 특수교육학과 석사

동국대학교 일반대학원 특수교육과 박사 수료

보건복지부 2급 언어재활사

특수학교 2급 정교사

한국자격평가진흥원 1급 심리상담사

한국어교사 2급 정교사

보건복지부 임상심리사

현 제나 아동 · 청소년 상담센터 원장

〈주요 논문〉

「학령기 경계선 지적 기능을 가진 자녀의 문제행동에 대한 부모 인식과 지원 요구」(2024)

「자폐성 장애 자녀를 둔 아버지에 관한 국내 · 외 연구동향 분석」(2025)

문해력이 자라면 사회성도 자란다: 4권 이해하기

–읽는 힘, 소통하는 힘–

As Literacy Grows, So Do Social Skills

2025년 10월 20일 1판 1쇄 인쇄
2025년 10월 30일 1판 1쇄 발행

지은이 • 심현미
펴낸이 • 김진환
펴낸곳 • (주)학지사
04031 서울특별시 마포구 양화로 15길 20 마인드월드빌딩
대표전화 • 02-330-5114 팩스 • 02-324-2345
등록번호 • 제313-2006-000265호

홈페이지 • http://www.hakjisa.co.kr
인스타그램 • https://www.instagram.com/hakjisabook/

ISBN 978-89-997-3558-5 94370
978-89-997-3554-7 94370 (set)

정가 18,000원
(set 72,000원)

저자와의 협약으로 인지는 생략합니다.
파본은 구입처에서 교환해 드립니다.